KB092920

고수의
스마트폰엔
특별한 앱이
있다

일상이 똑똑해지는 스마트폰 앱 100% 활용 팁

고수의 스마트폰엔 특별한 앱이 있다

정진수 장재동 박용준 김재은
조여종 정혜연 지음

나비의 활주로

CONTENTS

PART 4 이 앱만 깔면 나도 마케팅 전문가!
마케터들은 블로그, 페이스북, 인스타그램 어떻게 활용할까?

PART 5 이것만 알면 50대도 콘텐츠 제작 전문가!
내 손안의 콘텐츠 디자이너 활용백서

스마트폰으로 당신의 삶을 새롭게 디자인하라

'4차산업혁명' '인공지능' 등 많은 단어들이 요즘 시대를 대변하고 있다. 데이터는 계속 생성되고, 기계는 학습을 시작한다. 2016년 전 세계의 이목이 집중됐던 바둑 대결에서 인공지능 알파고가 이세돌을 4승 1패로 이겼다. 세상이 경악했다. 한 번도 겪어보지 못했던 일들이 일어나고 있다. 상상만 했던 것들이 이루어지고 있다.

요즘 아이들은 유튜브를 보면서 자란다. 스마트폰이나 태블릿 피시만 있으면 스스로 유튜브에 접속해 콘텐츠를 즐기며 시간을 보내기도 한다. 이제는 주변에서 흔하게 볼 수 있는 장면일 것이다. 이러한 변화들이 우리의 삶에 얼마나 많은 영향을 끼칠 것인가? 주변을 둘러봐도 이제는 흔하게 볼 수 있는 변화가 너무나 많다. 휴대폰이 사람의 홍채를 인식하고, 지문을 인식하고, 나의 얼굴과 목소리를 인식하고 나와 대화하기 시작했다. 우리는 누구도 상상하지 못했다. 불과 몇 년 전까지도.

그러다 보니 사람들은 걱정하기도 한다. 모바일이 세상을 각박하게 하고, 사람들을 더욱더 개인주의로 만들고, 보여지는 삶을 조장한다는 것이다. 분명 어느 정도 일리 있는 말이다. 하지만 물어보고 싶다. 이미 세상은 그렇게 변했고, 앞으로 그 속도는 더욱 빨라질 것은 확실하다. 그렇다면 시대의 흐름을 존중하고 이해하고 준비하는 것이 더 현명하지 않을까? 여담이지만 이런 질문을 하고 싶다. "사람이 컴퓨터보다 더 많은 것을 기억하고 계산할 수 있는가?" "사람이 자동차보다 빨리 달릴 수 있는가?"

좋든 싫든 이미 우리는 100세 시대를 살고 있다. 어느 방송에서 이런 이야기를 들었다. "재수 없으면 200세까지 산다." 웃기면서 충분히 공감 가는 이야기였다. 변화의 속도는 너무나도 빠르고, 이에 따라 새로 생기는 직업, 없어지는 직업이 늘어나고 있다. 이런 시대에 살고 있는 우리는 평생을 배우며 살아야 한다. 너무나 빠르게 변하기 때문에 구체적으로 무엇을 배우라고 이야기할 수 없다. 다만, 계속해서 배워야 한다는 것과 모바일은 지속적으로 더욱더 성장할 것이라는 부분을 인정하고 받아들여야 한다.

이 책은 우리의 일상생활에서 빼놓을 수 없는 스마트폰을 '똑똑하게' 활용하여 삶의 질을 높이는 여러 방법들에 대해 소개한다. 4차산업 혁명 시대를 살며 배우고 성장하고 싶어 하는 사람들을 위해 시간 절약 노하우, 나를 더 스마트하게 해주는 데에 초점을 맞추고 있다. 이 책에서 다루고 있는 내용을 업무에 절반만 적용해도 아마 당신은 회사에서 일 잘하는 직원으로, 뛰어난 실력의 프리랜서로, 신뢰할 수 있는 1인 기업가로 인정받을 수 있을 것이다.

뿐만 아니라 앱을 통해 다양한 수익창출에서 절대적으로 중요한 온라인 마케팅을 활용하는 방법도 쉽게 접근할 수 있도록 충분한 설명을 곁들이고 있다. 자주 활용하는 온라인의 다양한 플랫폼들이 오늘날 어떻게 활용되고 있는지 그 흐름을 읽는 데에도 좋은 참고가 될 것이다.

이 책에서 우리가 강조하고 싶은 것은 "온라인을 통해 수익을 만드세요" 또는 "1인 창업을 하세요"가 아니다. SNS에서 눈길을 잡아끄는 콘텐츠에 감탄한 적이 있는가? 온라인에서 수익을 내고 1인 창업을 하는 사람들의 이야기를 들으면 그저 부럽기만 했는가? 우리가 하고 싶은 이야기는 그런 것들이 절대로 어렵거나 멀기만 한 남 얘기가 아니라는 것이다. 누구에게나 하루 24시간은 동일하게 주어진다. 하지만 시간을 얼마나 효율적으로 활용하는가는 사람들에 따라 다르다. 우리는 누구나 스마트폰을 가지고 있고, 설치해서 바로 사용할 수 있는 다양한 앱들은 시간 대비 최고 결과물을 얻기에 좋은 플랫폼들이다. 스마트폰을 잘 활용한다면 누구나 전문가 못지않게 뛰어난 콘텐츠를 만들 수 있다. 우리는 여러분이 이 책을 통해 더욱 많은 기회를 얻을 수 있기를 진심으로 바란다.

2020년 초여름,
저자 일동

PART 1

스마트한 삶의 시작!
성공을 위한 습관 만들기

시간을 절약하라,
이것이 바로 성공의 지름길이다

사람들은 누구나 성공Success을 갈망한다. 성공과 관련된 책을 읽고, 세미나나 강연도 종종 찾아 듣는다. 이미 성공한 사람들의 노하우를 배우고 자신의 미래를 대입해보기도 한다.

성공한 사람들에겐 공통된 습성이 있는 경우가 많다. 미국 대통령 고문관이자 홍보담당 비서관이었던 나폴레온 힐의 『성공학 노트』에는 15가지 성공법칙이 소개돼 있다. 그중 첫 번째 법칙은 명확한 목표 설정이다. 체계적인 일정 관리, 시간 관리도 중요하다. 즉 치밀한 노력이 필요하다는 것이다. 성공한 사람들은 하루를 48시간처럼 사용한다고 한다. 아마 말도 안 되는 이야기라고 생각할지 모른다. 하지만 이들은 분명히 보통 사람들과 다른 방식으로 시간을 사용하고 있다.

여기 학생 A와 B가 있다. 이 둘이 똑같이 2시간씩 공부를 했다면 A와 B는 똑같은 학습량을 공부했을까? 아마 아닐 것이다. 왜냐하면 어떻게 공부했는지에 따라 진도의 차이가 있을 것이기 때문이다. 즉 시간을 쓴다는 것은 절대적 가치가 아닌 상대적 가치로 봐야 한다는 것이다. 그만큼 같은 시간을 할애하더라도 어떻게 시간을 사용하느냐에 따라 결과는 천차만별이니 말이다.

벤저민 프랭클린은 "삶을 사랑하는가? 그렇다면 시간을 낭비하지 마라. 삶이란 바로 시간으로 이루어져 있기 때문이다"라고 말했다. 주위에 성공으로 향하는 결승점에 점점 가까워지는 사람들을 보고 있노라면, 이 말을 증명하려는 듯 열심히 노력하는 것은 당연하고 시간을 정말 잘 활용하고 낭비하지도 않는다. 가끔 어떻게 저 모든 일들을 다 소화할까 생각할 정도로 많은 일들을 빠르게 처리하는 사람들도 많이 있다. 사실 이런 얘기를 하면 대부분은 '그 사람들은 머리가 좋을 거야' 또는 '남들과는 다른 재능을 가지고 있을 거야'라고 지레짐작하고 시도조차 안 하고 포기하려 한다. 하지만 이들이 어떻게 시간을 활용하는지 잘 살펴보면 생각보다 별게 없단 것도 알 수 있을지도 모른다.

성공했거나 성공에 가까워진 사람들은 목표를 이루기 위해 일정 관리와 효과적이고 능률적인 시간 관리가 필요하다는 것을 알고 있다. 그들은 다이어리나 플래너뿐 아니라 캘린더도 적극 활용한다. 또 책을 보거나 길을 가다가 갑자기 좋은 아이디어가 생각나면 곧바로 메모하는 습관이 있다. 적어놓지 않으면 금방 잊어버린다는 것을 경험상 잘 알기 때문이다.

레오나르도 다빈치, 에디슨, 아인슈타인, 명장 조제 모리뉴 모두 지독한 메모광이었다는 사실을 아는가. 성공한 사람들의 공통된 습관 중 하나가 바로 메모라는 사실은 주목할 만하다. 이들은 자신들도 언제든 실수할 수 있다는 것을 알고 있었고, 이런 실수로 인한 시간낭비를 줄이기 위해 체계적인 관리와 정리 메모를 꾸준히 성실히 했다.

아마 이런 경험 다들 한 번씩은 있을 것이다. 다양한 자료들을 어지럽게 그냥 두었다가 나중에 필요해서 찾으려 할 때 어디에 있는지 몰라 헤맸던 적 말이다. 이러한 자료들을 찾는 데에 많은 시간을 허비하고 있다는 이야기이다.

　그리고 마지막으로 또 하나, 성공하는 사람들의 습관은 인맥을 만들고 관리하는 데에 많은 시간과 열정을 투자한다는 것이다. 미래를 위한 가장 효과적인 투자는 사람에 대한 투자임을 알기 때문이다. 처음 만나는 사람과 인사를 하면서 명함을 주고받을 것이다. 명함을 어떻게 관리하느냐에 따라 오늘 만난 사람과 다시 관계를 맺을 수 있다. 다행인 것은 우리는 이제 이러한 것들을 스마트폰 앱을 통해 너무나 손쉽게 만들고 관리하고 활용할 수 있다는 것이다. 당신이 지금보다 더 발전하고 성공에 한 발짝 더 나아간 스마트한 삶을 원한다면 지금 좋은 기회를 접한 것이라고 생각한다.

　이 장에서는 효과적인 목표 설정, 스케줄 관리, 메모 방법, 인맥 관리를 위해 활용하기 좋은 앱들을 소개한다. 지금부터 하루를 48시간처럼 활용해야겠단 생각이 들었다면 이미 당신은 절반은 성공한 것이다. 천천히 앱 사용법 등을 익혀가며 일상에 변화를 줄 수 있는 계기를 만들어 보도록 하자.

APPLICATION 1

정확한 목표 설정은 인생의 내비게이션

만다라트 차트

작심삼일이란 말은 괜히 있는 게 아니다. 누구나 계획을 세우지만 꾸준히 실천하기가 쉽지 않다는 것 역시 누구나 안다. 계획을 머리로만 세우는 경우에는 얼마 못 가 그 계획조차 까마득해지는 게 다반사다. 그래서 목표는 내가 잘못된 길로 가더라도 다시 돌아올 수 있게끔 세부적이고 눈에 보이게 설정할수록 효과적이라고 한다. 이에 추천하는 목표 달성 방식이 바로 만다라트MANDALA-ART 기법이다.

만다라트는 기법은 일본의 디자이너 이마이즈미 히로아키가 '만다라' 모양을 본떠 고안한 것으로, 일본 야구선수 오타니 쇼헤이가 고등학교 1학년 때 최고의 야구선수가 되기 위하여 '8구단 드래프트 1순위'를 목표로 만다라트를 만들었고, 2년 만에 일본 구단뿐 아니라 메이저리그에서도 스카우트 제의를 받아 목표를 이루었다는 일화가 전해지면서 유명해졌다.

몸관리	영양제 먹기	FSQ 90kg	인스텝 개선	몸통 강화	축 흔들지 않기	각도를 만든다	위에서부터 공을 던진다	손목 강화
유연성	몸 만들기	RSQ 130kg	릴리즈 포인트 안정	제구	불안정 없애기	힘 모으기	구위	하반신 주도
스테미너	가동역	식사 저녁7술갈 아침3술갈	하체 강화	몸을 열지 않기	멘탈을 컨트롤	볼을 앞에서 릴리즈	회전수 증가	가동력
뚜렷한 목표·목적	일희일비 하지 않기	머리는 차갑게 심장은 뜨겁게	몸 만들기	제구	구위	축을 돌리기	하체 강화	체중 증가
핀치에 강하게	멘탈	분위기에 휩쓸리지 않기	멘탈	8구단 드래프트 1순위	스피드 160km/h	몸통 강화	스피드 160km/h	어깨주변 강화
마음의 파도를 안만들기	승리에 대한 집념	동료를 배려하는 마음	인간성	운	변화구	가동력	라이너 캐치볼	피칭 늘리기
감성	사랑받는 사람	계획성	인사하기	쓰레기 줍기	부실 청소	카운트볼 늘리기	포크볼 완성	슬라이더 구위
배려	인간성	감사	물건을 소중히 쓰자	운	심판을 대하는 태도	늦게 낙차가 있는 커브	변화구	좌타자 결정구
예의	신뢰받는 사람	지속력	긍정적 사고	응원받는 사람	책임기	직구와 같은 폼으로 던지기	스트라이크 볼을 던질 때 제구	거리를 상상하기

그림1 오타니 쇼헤이 만다라트 차트

만다라트 차트는 '가로 3×세로 3'으로 이뤄진 9칸짜리 사각형 9개가 기본 형태다. 사각형 9개 중 가장 중심 사각형에 내가 이루고자 하는 가장 중요한 목표를 작성하고, 이를 둘러싼 8칸에 그 목표를 이루는 데에 필요한 세부 목표들을 작성하면 된다. 그리고 그 주변을 둘러싸고 있는 빈 사각형에는 세부 목표들을 달성하기 위한 구체적인 목표들을 다시 작성하면 되는 것이다. 즉 목표를 최대한 구체화시켜 지금 당장 실천할 수 있는 것부터 하나씩 점차 목표를 달성하게 만들어주는 기법인 것이다.

얼핏 보면 별것 아닌 것 같지만, 이는 생각보다 목표에 달성하기 위한 많은 것들을 알려주고 실천할 수 있게 만들어준다. 뿐만 아니라 잘못된 길로 가더라도 나의 목표로 다시 돌아올 수 있는 내비게이션 역할을 하

기도 한다. 이루고 싶은 목표가 있다면 지금 당장 나의 '만다라트 차트'를 만들어보도록 하자.

만다라트 차트 🔍

사용환경 안드로이드	리뷰 점수 3.5 ★
다운로드 수 5천 이상	난이도 ★★★☆☆
활용도 ★★★★★	활용방법 나의 목표를 달성하기 위한 세부 계획표 작성

〈만다라트 차트〉 설치방법 🔍

1 구글 플레이 스토어 접속

2 '만다라트 차트' 검색

3 '설치' 탭하여 설치

4 〈만다라트 차트〉 앱 실행

〈만다라트 차트〉 사용방법 　🔍

앱 실행 화면에서 셀(네모칸)을 누르고 상단 또는 입력 상자에 내용을 입력하면 된다. 줄바꿈을 할 때는 ..를 입력하면 된다. 차트, 제목, 좌우 화살표 버튼으로 각 차트로 이동할 수 있으며, 차트는 최대 10개까지만 저장이 가능하다. 각 기능에 대한 자세한 설명은 〈만다라트 차트〉 앱을 접속하면 사용 가이드가 제공되니 참고하도록 하자. 그럼 만다라트 차트 작성 방법에 대해 자세히 알아보자.

① 핵심 목표 정하기

만다라트 차트 정중앙에 내가 이루고자 하는 핵심 목표를 적는다. 구체적일수록 좋다. 예를 들어 '2년 안에 연봉 1억 강사 되기'라는 주제를 설정했으면 중심에 이를 적으면 된다.

파워 블로거	SNS 인플루언서	유튜버
강의 제안서 발송	2년 안에 연봉 1억 강사 되기	스피치 연습
강사모임 활동	멘토 만들기	습관 만들기

② 세부 목표 정하기

핵심 목표를 정했다면, 핵심 목표인 '2년 안에 연봉 1억 강사 되기'를 이룰 수 있는 방법을 '2년 안에 연봉 1억 강사 되기'를 작성한 주변 8개의 칸에 하나씩 채워나간다. '파워블로거 되기, SNS 인플루언서 되기, 10만 구독자 보유 유튜버 되기, 강의제안서 발송, 스피치 연습하기, 강사 모임 활동하기, 멘토 만들기, 습관 만들기' 등 핵심 목표를 이루기 위한 아이디어들을 적으면 된다.

③ 세부 목표 실천 방안 작성

이번에는 세부 목표의 실천 방안 및 아이디어를 적으면 된다. 이 또한 구체적일수록 효과적이다. 예를 들어 '파워블로거'가 되기 위한 실천 방안 및 아이디어를 작성한다면 '하루에 2개씩 포스팅 쓰기, 페이스북 정보, 인스타그램 정보, 스마트스토어 정보, 무자본 창업, 강의 후기, 일상, 유튜브'처럼 내가 2년 안에 연봉 1억 강사가 되기 위해 어떤 정보

하루에 2개씩 포스팅	페이스북 정보	인스타그램 정보						
스마트스토어 정보	파워 블로그	무자본 창업						
강의후기	유튜브 정보	영상						
			파워 블로거	SNS 인플루언서	유튜버			
			강의 제안서 발송	2년 안에 연봉 1억 강사 되기	스피치 연습			
			강사모임 활동	멘토 만들기	습관 만들기			

의 포스팅을 작성할 것인지를 작성하면 된다. 이것만으로도 생각보다 상세한 블로그 운영 방법이 만들어진 것을 알 수 있다.

④ 우선순위 정하기

이제 마지막으로 우선순위를 기록하여 무엇부터 실행에 옮길지 결정하면 된다. 내가 연봉 1억 강사가 되기 위해서는 먼저 내가 가장 잘하는 콘텐츠가 우선이 될 수도 있고, 또는 지금 가장 핫한 콘텐츠가 1순위가 될 수도 있다. 이렇듯 어떤 목표를 잡느냐에 따라 우선순위를 결정하면 된다.

① 하루에 2개씩 포스팅	⑥ 페이스북 정보	⑤ 인스타그램 정보
③ 스마트스토어 정보	파워 블로그	② 무자본 창업
⑦ 강의후기	④ 유튜브 정보	⑧ 일상

　이렇게 세부 목표까지 설정을 했다면, 나머지 부분도 같은 방식으로 작성해 나가면 된다. 만다라트 차트는 나의 목표를 최대한 세분화함으로써 막막했던 목표들을 구체화시킬 수 있도록 도와준다. 아마 만다라트 차트를 작성하면 스스로 놀랄지 모른다. 정말 막막했고 무엇을 해야 할지 몰랐던 나의 목표들이 그 실체를 드러낼 것이다.

　목표들은 수시로 실행 여부를 체크하고 피드백하며 관리하는 것이 좋다. 진행 과정에서 목표는 상황에 따라 변경될 수도 있기 때문이다. 만약 잠시 길을 잃고 다른 방향으로 엇나간다고 해도 작성한 만다라트 차트를 통해 다시 내가 정했던 목표를 상기하고 돌아올 수 있는 것이 이 앱의 장점이란 걸 기억하자.

APPLICATION 2

낭비 없는 24시간을 위한 스케줄 최적 관리

네이버 캘린더

〈만다라트 차트〉를 통해 나의 목표를 구체화시켰다면, 이제는 나의 스케줄을 관리할 차례다. 아무리 좋은 목표와 계획을 세웠더라도 그것을 지키지 못하면 다 무슨 소용이겠는가. 성공한 사람들은 '시간이 나를 컨트롤하게 만들지 말고, 내가 시간을 컨트롤해야 한다'고 이야기한다. 이는 미리 준비된 스케줄 관리를 통해 시간을 내가 컨트롤해야만 시간이라는 족쇄에서 벗어날 수 있다는 의미이다. 하루 24시간은 누구에게나 똑같이 주어지지만 누구는 24시간을 48시간처럼 사용하고, 누구는 1시간처럼 사용한다. 시간을 어떻게 관리하느냐에 따른 차이다.

연말이면 커피 전문점에서 제공하는 다이어리를 받으려고 커피 마시고 미션을 수행하는 사람들을 많이 볼 수 있다. 서점이나 문구점에 가면 신년 다이어리 코너가 생기고 다양한 종류의 다이어리를 만날 수 있다. 왜 사람들은 연말만 되면 신년 준비를 위해 다이어리를 구매할까?

한 해를 마감하고 신년을 맞이하여 계획을 세우고 좀 더 나은 내일을 위해 준비하기 위해서다. 그러나 처음 계획했던 맘이 오래가지 않는 것이 현실이다. 작심삼일이란 말을 모르는 사람은 없다. 그런데 최근에 이 작심삼일을 활용한 방법이 화제가 되고 있다. 그 방법은 삼일에 한 번씩 다시 리마인드하여 작심하면 된다는 말이다. 그만큼 목표를 세우고 목표를 달성하는 것이 쉽지 않지만 포기하지 않고 도전한다면 누구나 가능하다는 말이다. 물론 그러기 위해서는 무엇보다도 스케줄 관리가 가장 중요하다.

그리고 오늘날은 번거롭게 노트에 적지 않고도 스마트폰을 활용해 효율적으로 스케줄 관리를 할 수 있는 시대다. 아마 드라마에서 기업 회장들의 개인 비서들이 스케줄 관리를 해주는 것을 보고, '나도 스케줄 관리 해줄 개인 비서가 있다면 얼마나 좋을까?' 생각해본 적 누구나 한 번쯤은 있을 것이다. 그런데 당신의 스케줄 관리를 해줄 비서가 바로 당신의 스마트폰 안에 있다면?

우리는 지금도 언제 어디서나 나의 스케줄을 확인하고 관리를 할 수 있는 개인 비서를 가지고 다닌다. 그럼에도 아직도 활용하지 못하고 있다면 당신은 반성해야 한다. 앞으로 나의 전용비서가 되어줄 스케줄 관리 앱을 적극 활용해 나의 하루를 48시간으로 만들어보도록 하자.

네이버 캘린더 (Naver Calendar) 🔍

사용환경 안드로이드, 아이폰   **리뷰 점수** 4.4 ★

다운로드 수 5,000만 이상   **난이도** ★★☆☆☆

활용도 ★★★★★   **활용방법** 일정, 기념일, 할 일 등 완벽한 스케줄 관리

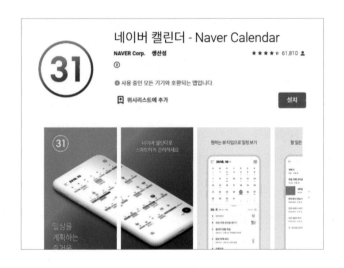

\<네이버 캘린더\> 설치방법   🔍

1 구글 플레이 스토어 또는 앱 스토어 접속

2 '네이버 캘린더' 검색

3 '설치' 탭하여 설치

4 \<네이버 캘린더\> 앱 실행

\<네이버 캘린더\> 사용방법   🔍

\<네이버 캘린더\>를 효과적으로 사용하기 위해서는 먼저 나의 일정들을 최대한 꼼꼼하게 적는 연습이 필요하다. '1월 26일 A업체 미팅' 이렇게 대충 입력해놓는 식의 캘린더 활용은 사실 큰 도움이 되지 않는다. 위의 방식처럼 입력해놓았다면 미팅 전에 장소를 다시 확인해야 하고, 미팅 하기로 한 업체의 정보를 다시 확인해야 하고, 미팅 시간도 다시 체크해야 할 것이다.

하지만 미팅이 잡혔을 때 곧바로 미팅 장소는 어디인지(장소), 어떤 업체이고 어떤 미팅을 원하고 출발 장소에서 미팅 장소까지의 소요 시간은 어느 정도이며 어떤 식으로 미팅을 할 것인지(설명), 몇 명의 인원이 미팅에 나오고 몇 부의 서류를 준비할 것인지(인원), 2일 전 알람과 출발 1시간 전 알람을 맞춰놓는다면(알림), 우리는 스케줄에 맞춰 미리 작성해둔 정보를 다시 확인만 하고 스케줄에 따라 움직이기만 하면 된다. 즉 불필요한 시간을 아낄 수 있는 것이다.

이렇게 우리는 시간을 효율적으로 사용하기 위해서는 불필요한 시간

의 낭비를 점차 줄여나가야 한다. 그러기 위해 〈네이버 캘린더〉를 효과

적으로 작성하는 방법을 알아보도록 하자.

스케줄 설정하기

① 〈네이버 캘린더〉에 접속 후 화면 하단의 ⊕ 아이콘을 탭하자.

② 일정 입력 화면에서 아래 설명을 참조해 각 양식에 맞게 최대한 꼼꼼하게 작성한다.

일정을 입력하세요: 일정 이름을 상세하게 입력(예시: 의성산수유홍화명품하사업단 강의).

시간설정: 일정의 날짜와 마감 시간을 입력한다.

장소: 이동이 필요한 경우 도착 장소를 입력한다(주소 검색 서비스도 제공).

설명: 일정에 대한 상세한 설명과 중요한 사항을 입력한다(예시: 참석인원 20명, 40~50대, 1시간 20분 강의하고 20분 질의응답 원함, 현재 온라인 판매를 하고 있으나 제대로 운영하지 못하고 있음, 담당자 요청: 스마트스토어를 시작할 수 있는 정도의 교육 진행 요청).

초대: 참석인원의 이름과 특징 등을 입력하면 효과적이다(예시: 정진수(감성컴퍼니 대표 및 SNS 강사), 장재동(해외 B2C 무역 회사운영), 조여종(감성피자 대표).

반복: 생일과 같이 주기적인 일정이라면 반복 설정을 하면 된다.

팝업(알람): 알람 팝업 시간을 일정에 따라 '10분 전' 또는 '1일 전' 등으로 설정하면 된다. 알람은 복수 설정도 가능하다.

이제 나의 12월 27일 스케줄 작성이 완료되었다. 예시를 보면 생각보다 많은 정보들이 들어간 것을 알 수 있을 것이다. 너무 간단한가? 아직도 대부분의 사람들이 이 간단한 걸 안 하고 있다는 것이 중요하다. 오늘날 스마트 시대의 캘린더는 정말 단순화되었고 편리해졌다. 그렇기 때문에 더욱 적극 활용해야 한다. 이 간단한 걸 사용하는 것만으로도 아마 당신의 하루는 생각보다 효율적이 되고 더 편리해질 것이다.

업무(할 일) 진행상태 관리하기

위처럼 큰 스케줄 일정을 미리 작성하여 관리할 수도 있지만, 업무와 같이 자주 진행하는 사항들이나 하루에 일과들을 미리 작성하여 나의 업무 효율성을 체크할 수도 있다.

① 일정을 입력할 날짜를 꾸욱 누르고 있으면, 그림과 같이 아이콘이 나타난다. 각 아이

콘은 왼쪽부터 **생일/할 일/일정** 아이콘이다. 가운데 아이콘을 눌러보도록 하자.

② 여기에서 현재 진행 중인 업무들과 해야 할 일들을 미리 작성하면 된다. 참고로 완료

일은 업무가 완료되어야 하는 날짜를 선택하면 된다. 이로써 현재 내가 진행하고 있

는 업무들을 한눈에 확인할 수 있고, 진행상황을 쉽게 알 수 있어 효과적으로 업무 관리를 할 수 있다.

〈네이버 캘린더〉 활용방법 🔍

〈네이버 캘린더〉는 친구, 연인, 가족, 회사 등의 구성원과 공유하여 함께 관리할 수 있다. 공동업무나 함께 일정을 공유해야 하는 경우 사용하면 매우 효과적이다. 또는 목록, 월, D-day 위젯으로 스마트폰 바탕화면에서 하루 일정을 간편하게 확인할 수 있다. 투명도 설정은 물론 2가지의 배경색상을 선택해 사용할 수 있으며, 다른 캘린더의 일정도 한 번에 가져와서 사용할 수 있으니 참고하도록 하자.

APPLICATION 3

수많은 성공 CEO의 메모 습관 만들기

네이버 메모

"습관을 조심하라. 운명이 된다." 영국의 최초 여성 총리 마거릿 대처가 한 말이다. 어떤 습관을 가지고 있고, 어떤 습관을 만들어 가느냐에 따라 내 운명이 바뀔 수 있다는 뜻이다. 두말 할 필요 없이 좋지 못한 습관은 나에게 좋지 못한 영향을, 좋은 습관은 좋은 영향을 미친다.

사람은 누구나 습관을 가지고 있다. 그런데 노력해서 얻어낸 것이 아니라 자주 반복해서 몸에 밴 경우가 대부분이다. 그러니 무의식중에 만들어진 습관은 대체로 좋지 못한 것일 가능성이 크다. 당신에겐 어떤 습관이 있는가? 분명 좋은 습관도 있겠지만, 나쁜 습관이 더 많을 것이다. 그리고 그것들은 특히 식사 습관, 운전 습관, 대화 습관 등 일상생활에서 자주 하는 행동에 관련돼 있을 것이다. 운동선수들은 경기 중 자신도 모르게 취한 어떤 행동으로 인해 상대방에게 다음 동작을 들켜 낭패를 당하는 경우가 많다고 하는데, 반복된 행동으로 자연스레 형성된 습관이

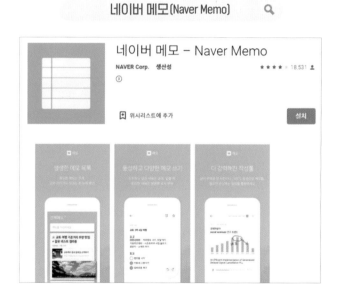

어떤 영향을 끼치는지 짐작해볼 수 있을 것이다.

그렇다면 좋은 습관을 만들기 위해서는 어떻게 해야 할까?『성공의 법칙』의 저자 맥스웰 몰츠는 습관을 들이기 위해서는 21일 동안 한 가지 일을 계속하면 된다고 말한다. 즉 반복적인 행동을 꾸준히 하면 되는 것이다. 가령 독서 습관을 만들고 싶다면, 잠자기 전에 또는 일어나서 단 5

네이버 메모(Naver Memo)

사용환경 안드로이드, 아이폰   **리뷰 점수** 4.0 ★

다운로드 수 100만 이상   **난이도** ★★☆☆☆

활용도 ★★★★★   **활용방법** 일상, 아이디어, 회의록, 미팅 등 메모가

필요한 모든 순간에 활용

〈네이버 메모〉 설치방법 🔍

1 구글 플레이 스토어 또는 앱 스토어 접속

2 '네이버 메모' 검색

3 '설치' 탭하여 설치

4 〈네이버 메모〉 앱 실행

분이라도 책을 보는 행동을 계속하라고 말한다. 좋은 습관들은 타고나는 것이 아니라 대부분 의식을 가지고 직접 만들거나 만들어진 것이라는 것을 명심했으면 좋겠다.

이번 파트에서 제안하고 싶은 것은 바로 메모 습관이다. 성공하는 사람들의 대부분은 메모하는 습관을 갖고 있다고 한다. 그러면 우리도 메모하는 습관을 가진다면 성공이란 키워드에 조금 더 가까워질 수 있지 않을까?

어떤 행동이 습관이 되기 위해선 쉽게 반복할 수 있어야 한다. 그러자면 언제나 가까이서 접할 수 있어야 할 텐데, 현재 우리의 일상생활에서 그런 조건을 충족하는 것은 가족도 친구도 아닌 스마트폰 아니겠는가. 우리는 스마트폰 하나로 메모 습관을 가질 수 있는, 굉장히 편리한 세상에 살고 있다는 것에 감사해야 한다.

이제부턴 무거운 다이어리나 수첩을 들고 다니지 않아도 된다. 스마트폰에 〈네이버 메모〉를 설치해보자. 클라우드 기반의 〈네이버 메모〉를 이용하면 언제 어디서든지 쉽게 메모를 작성하고 관리할 수 있는 훌륭

<네이버 메모> 사용방법 🔍

<네이버 메모>를 통해 메모를 작성하는 방법은 매우 간단하다. 앱 접속 후 **메모를 작성하세요**를 탭하여 내가 작성하고 싶은 메모를 하면 된다. 다만 메모를 작성할 때 중요한 것은 다음에 그 메모를 보았을 때 금방 정보를 확인할 수 있어야 한다는 것이다. 메모를 봐도 내가 언제 어떤 상황에서 무엇을 위해 써놓았는지 알기 어렵다면 그 메모는 잘못된 것이다.

시간 관리의 기본은 불필요한 행동을 최소화하는 것이다. 때문에 메모를 하더라도 다양한 방식을 통해 나만의 메모 방식을 만들어나가야 한다. <네이버 메모>는 단순히 텍스트만 작성하는 방식이 아니라 굵기, 밑줄, 형광펜 등 글자 서식을 통해 강조 효과도 넣을 수 있다. 뿐만 아니라 이미지 삽입도 가능하며 음성이나 그림 방식의 메모도 가능하니 잘 활용하면 더욱 완벽한 메모가 가능하다. 물론 처음에는 어렵겠지만 너무 조급해하지 말고 평생을 함께할 습관이라 생각하고 천천히 훌륭한 메모 습관을 만들어보도록 하자.

강조 효과 활용하기

① 하단의 **T** 아이콘 누르기

② 사용하려는 효과(**볼드(굵기)**/밑줄/~~취소선~~/형광펜) 선택

③ 메모 작성

각 기능들은 선택 시 녹색등(설정값)의 색상으로 활성화된다. 또한 각 기능들은 복수선

택으로 조합해서 사용도 가능하니 메모를 하면서 중요한 부분에는 자주 활용하는 것을

추천한다.

볼드: 글자를 진하게 만듭니다.

<u>밑줄: 글씨에 밑줄을 긋습니다.</u>

~~취소선: 글자 가운데에 줄을 긋습니다.~~

형광펜: 글자의 바탕에 색상을 만듭니다.

참고로 훌륭한 메모란 이미 작성된 메모에서 강조 문구만 봐도 어떤 내용인지 쉽게 파악할 수 있어야 한다. 메모는 시간을 아끼기 위한 수단임을 명심하자. 내가 작성한 메모를 처음부터 끝까지 읽고 나서야 겨우 내용을 알 수 있다면 시간낭비인 셈이다. 앞으로는 강조 효과들을 잘 활용하여 메모의 내용 또한 쉽게 파악할 수 있게 메모 습관을 들인다면 굉장히 좋은 메모 습관을 가지게 될 것이다.

더욱 풍성한 메모 작성! 선택, 이미지, 음성, 그리기 기능 활용

글자만으로 메모가 부족할 때 **이미지, 음성, 그리기 기능 등**을 활용해 메모를 더욱 풍성하게 만들 수 있다. 음성은 직접 말한 말을 텍스트로 옮겨주며 녹음도 가능하기 때문에 운전 중이나 직접 타이핑이 어려운 경우 사용하면 매우 효과적이다.

체크리스트 기능   이미지 삽입/그리기 도구   음성메모

<네이버 메모> 활용방법 🔍

나에게 최적화된 테마 설정: 3개(카드리스트, 카드타일, 심플)의 메모 테마를 취향 및 사용 용도에 맞춰 설정할 수 있다. 중요 메모는 더 크게, 첨부 이

미지와 입력한 링크도 한눈에 확인할 수 있다. 테마 설정은 다음 위치에서 변경 가능하다.

▶ 앱 설정 → 테마 설정 → **카드리스트, 카드타일, 심플** 타입 중 선택

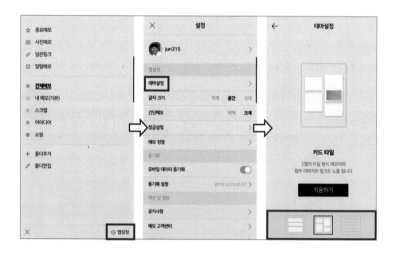

PC부터 모바일까지 자동 동기화 🔍

〈네이버 메모〉는 네이버 계정을 통해 동기화가 가능하다. PC 또는 스마트폰에서 동일한 네이버 계정을 사용한다면 상호간에 실시간 동기화가 가능하다. 스마트폰으로 작성하고 데스크톱에서 바로 확인할 수 있고, 컴퓨터에서 작성한 메모를 스마트폰에서 확인할 수도 있다. 뿐만 아니라 스마트폰이 여러 개인 경우에도 문제없이 하나의 계정으로 사용이 가능하다.

▶ 앱 설정 → 동기화 설정에서 설정 가능

TIP 모바일 데이터 동기화를 활성화해야 한다. 모바일 데이터 동기화가 꺼져 있다면, 스마트폰이 와이파이 연결 상태에서만 동기화를 진행하게 된다.

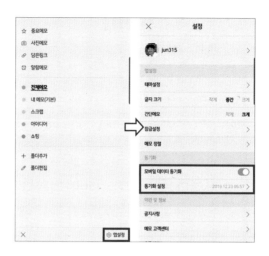

APPLICATION 4

100억짜리 명함수첩 만들기

리멤버

지금까지 목표 설정, 스케줄 관리, 메모 습관 만들기에 대해서 알아보았다. 이들을 통해 계속해서 나를 발전시켜간다면 분명 지금보다 훨씬 높은 수준의 삶을 살게 될 것이라고 나는 장담한다. 하지만 사람은 혼자 살 수 없는 동물이다. 내가 아무리 잘나고 혼자 열심히 해도 나의 힘만으로는 한계가 있게 마련이다. 세계적인 부자 빌 게이츠나 스티브 잡스가 자신만의 힘으로 성공했을까? 절대 그럴 수 없다. 부모님과 친구, 지인, 직원 등 굉장히 많은 사람들의 역할과 도움이 성공의 가교가 되었을 것이다.

성공한 CEO들은 흔히 사람이 재산이라고 말한다. 이것은 성공을 꿈꾸고 미래의 리더가 되고 싶다면 자신을 믿고 지원해줄 수 있는 사람들을 발굴해 관리해야 하고, 그것이 곧 인맥, 나의 자산이 된다는 뜻이다. 오죽하면 나와 가장 가깝게 지내는 인맥 세 명의 연봉을 3으로 나눈 것이 나의 3년 뒤 연봉이라는 말이 있겠는가. 그만큼 인맥이 중요하다는 얘기다.

그렇다면 어떻게 좋은 인맥을 만들 수 있을까? 많은 사람들을 내 편으로 만들고 싶다면 먼저 나부터 누군가의 좋은 인맥이 되어야 한다. 상대방의 마음을 얻고 신뢰를 얻고 싶다면 내 마음의 빗장을 풀고 사람들을 맞아들여라. 상대방이 좋아하는 일을 하고 공통의 관심사를 만들어라. 인맥은 자신을 바꾸고 발전시키는 원동력이 될 것이다. 그런 맥락에서 이번에 소개할 앱은 자칫 놓치기 쉬운 인맥을 잘 관리해줄 수 있는 〈리멤버〉 명함 관리 앱이다.

이 대목에서 고개를 갸우뚱할 독자들이 있을 것이다. 인맥 관리를 이야기하다 뜬금없이 명함 앱이라니. 여러분에게 묻고 싶다. 성인이 되어 사회에 나온 뒤로 일상생활에서 새로운 사람들을 만난 적이 얼마나 되는가? 회사 바깥이라 하더라도 아마도 비즈니스와 연결된 경우가 가장 많을 것이다. 명함첩이 있다면 꺼내 확인해보라. 꼭 이런 경우가 아니더라도, 사회에서 처음 만나는 자리에서는 자신의 명함으로 자신을 소개하는 경우가 대부분이다. 때문에 명함 관리가 중요한 것이다.

뛰어난 영업사원들의 명함 관리방법을 아는가? 이들은 명함에 만난 일시, 소개한 사람, 인상착의 등 특징적인 사항을 명함에 간단한 메모를 해둔 후 다시 만나게 되었을 때 이를 통해 그 사람의 정보를 미리 확인하고 응대한다고 한다. 영업의 비결일 텐데, 짐작하듯 자신에게 호의적인 모습을 보이며 자신을 기억해주는 사람을 싫어할 사람은 없다. 이렇듯 명함 관리는 단순히 명함을 모아두는 것만이 아닌 사회에서 상대방과 나의 인맥을 만드는 가장 첫 번째 연결고리인 것이다.

　그런데 이렇게 중요한 명함을 아직도 명함첩에 관리하고 있는가? 그렇다면 지금 당장 〈리멤버〉 앱을 설치하고 스마트하게 사용해보자.

사용환경 안드로이드, 아이폰	리뷰 점수 4.4 ★
다운로드 수 100만 이상	난이도 ★☆☆☆☆
활용도 ★★★★★	활용방법 스마트하고 완벽한 명함 관리

(※ 앱 스토어에서 검색이 안 될 경우 '리맴버'로 검색)

〈리멤버〉 설치방법 🔍

1 구글 플레이 스토어 또는 앱 스토어 접속

2 '리멤버' 검색

3 '설치' 탭하여 설치

4 〈리멤버〉앱 실행

〈리멤버〉사용방법 🔍

〈리멤버〉는 명함을 촬영하는 것만으로도 명함에 있는 이름, 연락처, 주소 등이 자동으로 입력되는 매우 편리한 명함 앱이다. 특히 주소 영역에는 실제 네이버지도를 불러오며, 네이버지도에서 제공하는 지도 앱, 내비게이션, 택시 호출 등의 기능을 바로 사용할 수 있다.

① 〈리멤버〉를 사용하기 위해서는 회원가입이 필요하다. 네이버, 구글 등의 계정으로 쉽게 회원가입이 가능하다.

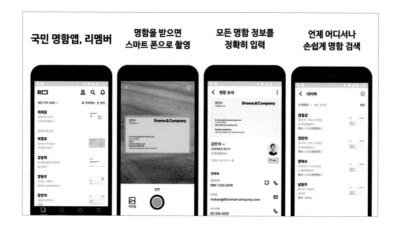

② 명함 등록은 메인 화면 우측 하단의 **사진기** 모양의 아이콘을 탭한 후 등록하려는 명

함을 네모 박스에 위치하게 하고 촬영 후 → **촬영 완료** 버튼을 누르면 된다.

③ 메인 화면에서 **입력 중인 명함**을 탭한 후 → 명함에 대하여 추가정보를 입력할 수

있다. 입력하지 않아도 일정 시간이 지나면 명함 목록에 추가가 된다. 추가정보에

는 그 사람의 특징을 입력해놓으면 매우 효과적이다. (예시: '35세/미혼/흡연자/술을 마

시지 않음/취미: 당구' 등 상대방의 특징을 입력해놓으면 다음에 만났을 때 대화를 이어나가

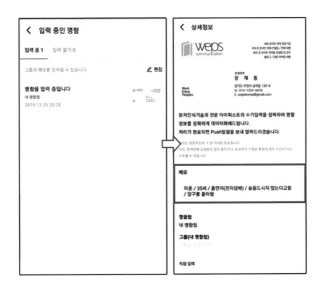

기 쉽고 상대방은 자신에 대해 기억해줌으로써 호감도를 상승시킬 수 있다.)

〈리멤버〉 활용방법 🔍

▶ **언제 어디서나 손쉽게 검색**: 이름, 회사, 부서, 직책 등의 키워드를 통해 언제 어디서

나 필요할 때 손쉽게 명함정보를 검색할 수 있다.

▶ **최신 명함정보 자동 업데이트**: 회원 간에는 이직, 승진 등 최신 명함정보가 자동으로

업데이트 된다.

▶ **전화 수신 시 발신자의 명함 정보가 자동으로 표시**

▶ **간편한 명함 전달**: 등록된 명함을 문자나 카카오톡을 통해 바로 전달할 수 있다.

▶ **외부 주소록 저장 및 엑셀 내보내기**: 등록된 명함정보를 휴대폰 연락처 및 구글 주소

록에 저장하거나 엑셀 파일로 내보낼 수 있다.

※ 안드로이드 9.0 이상의 휴대폰에서는 별도 앱 〈리멤버 Call〉을 설치해야 사용할 수 있다.

PART 2

기회는 찾아오는 것이 아니라
만드는 것이다

아는 것이 힘,
기회를 만드는 정보를 습득하자

오늘날 과학과 의학은 너무나 빠른 속도로 발전하고 있다. 그에 따라 인간의 평균 수명도 점점 늘어나고 있다. 우리는 지금을 '백세百歲 시대'라고 말하지만, 전문가들은 평균 수명은 점점 늘어나기 때문에 앞으로는 사고가 아니고서는 죽는 것도 선택사항이 될지 모른다고 예견한다. 평균 수명이 늘어나면서 사람들은 좀 더 윤택한 생활을 하기 위한 준비에 몰두하고 있다. 자신의 윤택한 노후를 위해 많은 사람들이 창업을 시도하는 경우를 왕왕 본다. 하지만 동시에 폐업률도 계속 높아지고 있다는 뉴스도 들려온다.

2018년 서울 지역 소상공인 월평균 창업률과 폐업률은 각각 2.4%와 4.3%로 폐업률이 창업률 대비 약 2배 가까이 나타나고 있다. 분명 좀 더 윤택한 삶을 위해 시작한 창업인데 왜 나의 삶을 더 어렵게 만드는 것일까? 바로 정보의 부재 때문이다.

대부분의 많은 사람들이 여전히 정보를 지인이나 뉴스, 신문 등을 통해 접한다. 그리고 그것을 믿고 행동으로 옮기는 경우가 많다. 하지만 여기서 알아야 할 것은 뉴스나 신문은 전달 매체 중 가장 느리게 소식을 전달하는 플랫폼이라는 것이다. 또는 내 주변의 지인이 새로운 정보에 발 빠른 사람이 아니라면 그 정보를 판단하는 데에 더욱 신중해야 한다. 이를 가장 잘 보여주는 최근 이슈가 바로 비트코인이 아닐까 싶다.

대부분의 사람들이 주변에서 뉴스에서 신문에서 비트코인 정보를 다루기 시작하면서 막차라도 타기 위해 대출까지 쓰면서 비트코인 및 알트코인에 투자를 했다. 하지만 이 시점에 이를 통해 돈을 번 사람은 아마 거의 극소수에 불과할 것이다. 내 주변만 해도 이때 투자를 감행한 사람들은 거의 100% 큰 손해를 보았다. 왜 이런 일이 발생했을까?

이는 정말 간단한 이론이다. 기회라는 것은 누구나 알고 있을 때 만들어지는 것이 아니다. 다른 사람은 모르고 나만 알고 있을 때 그 기회가 만들어지는 것이다. 하지만 뉴스나 신문은 거의 검증된 정보만을 제공한다. 또한 그 정보가 공개적으로 제공되는 채널이다. 즉 이미 누구나 알 수 있는 정보들에서 기회를 찾기는 어렵다는 이야기이다. 그렇다면 남들보다 한발 빠른 정보를 어떻게 하면 습득할 수 있을까? 이 세계에서 상위 1%라 말하는 집단에 들어가야만 알 수 있을까? 아니다. 우리에게 필요한 것은 내 주변 사람보다 한발 빠른 정보 습득과 예측만 가능해도 된다. 이 방법은 생각보다 간단하다. 다양한 정보들을 계속 습득하면 되는 것이다.

정보란 하나의 주제에서만 만들어지는 게 아니다. 이 사회는 생각보다 많은 것들이 유기적인 구조로 엮어 있는 만큼 다양한 정보들을 알고 있어야 기회란 놈을 남들보다 빠르게 포착할 수 있게 되는 것이다. 단 정보의 매체가 내 주변이나 뉴스나 신문이 아닌 내 스스로가 움직여 찾는 정보여야 한다. 그래서 이번 챕터는 당장 필요가 없더라도 알고 있으면 언젠가는 필요할 수밖에 없는 정부지원 정책이나 소상공인 지원 및 혜택 정보부터 상권분석 정보, 부동산 정보, 트렌드 정보 및 교육 등을 제공해주는 앱들을 소개하려고 한다.

APPLICATION 1

남들은 어디서 상권분석 정보와 정부지원 정보를 얻을까?

소상공인마당

〈소상공인마당〉 앱은 소상공인을 위한 맞춤형 지식을 종합, 뉴스, 조사·연구, 법률·법규, 성공 사례, 지원 사례로 분류하여 서비스와 창업 및 운영 관련 정보와 창업 단계별, 업종별, 지역별로 제공한다. 뿐만 아니라 중소벤처기업부와 소상공인진흥공단에서 제공하는 정책자금, 성장지원, 재기지원, 창원지원금 등의 정보를 쉽게 받아볼 수 있다.

이 정보가 가치 있는 이유는 바로 소상공인진흥공단에서 제공하는 자료이기 때문이다. 대한민국 공기업에서 대한민국 국민에게 허위 정보를 제공할까? 공신력 있는 자료의 도움을 받아 창업을 하고 싶다면 꼭 다운 받아 활용해야 하는 필수 앱이다.

사용환경 안드로이드, 아이폰	리뷰 점수 4.1 ★
다운로드 수 5만 이상	난이도 ★☆☆☆☆
활용도 ★★★★★	활용방법 소상공인시장진흥공단에서 제공하는 지원시책, 상권정보 등 다양한 소상공인 필수정보 제공

〈소상공인마당〉 사용방법 🔍

1 구글 플레이 스토어 또는 앱 스토어 접속

2 '소상공인마당' 검색

3 '설치' 탭하여 설치

4 〈소상공인마당〉 앱 실행

정부지원 정책 확인하기

지원시책, 상권정보, 사업정보, 알림정보 메뉴를 제공한다. 각 메뉴를 탭하면 관련된 정보들을 쉽게 확인할 수 있다.

지원시책 정보 확인 및 신청하기

중소벤처기업부와 소상공인시장진흥공단에서 소상공인과 전통시장의 경쟁력 제고와 경영활성화를 위하여 제공하는 다양한 정책에 대한 정보를 확인할 수 있다. 각 시책 옆의 숫자는 현재 해당 시책에서 확인할 수 있는 공고의 숫자이다.

① 정책자금, 성장지원, 재기지원 중에서 나에게 적합한 시책을 탭하면 된다.

② 각 지원시책들을 탭하면, 현재 모집하고 있는 다양한 모집 공고가 나온다.

③ 공고를 탭하면 해당 공고에 대한 자세한 설명과 지원 자격 및 지원 내용, 신청방법 등을 확인할 수 있다. 만약 나에게 해당되는 영역이 있다면 겁먹지 말고 적극 신청해보도록 하자.

상권분석 활용하기

메인 화면에서 **상권정보**를 탭하면, 분석하고 싶은 지역의 주변 상권에 대한 상권분석, 경쟁분석, 나의분석, 점포이력, 경영컨설팅, 업종추천, 창업기상도까지 총 7개의 정보를 얻을 수 있다.

① 먼저 확인하고 싶은 지역을 '동'까지 선택하면 된다.

경의선숲길이 개장하면서 연트럴파크가 생겨서 핫한 공간이 된 서울 마포구 연남동에 대한 상권정보를 확인해보았다. (상권정보 〉 지역선택 〉 서울특별시 〉 마포구 〉 연남동 선택)

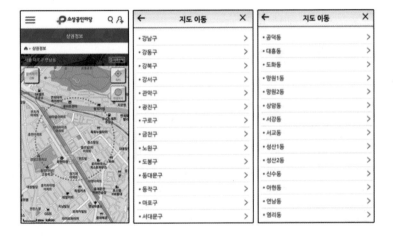

② 지역을 선택한 뒤 지도 좌측 상단의 **분석하기 ON**을 탭하면 해당 지역의 상권분석, 경쟁분석, 나의분석, 점포이력, 경영컨설팅, 업종추천, 창업기상도 총 7개의 메뉴를 볼 수 있다. 해당 메뉴 중 확인하고 싶은 정보를 탭하면 정보를 볼 수 있다. 각 메뉴에 따라 좀 더 세부 정보를 선택해야 할 수도 있다. 상권분석의 경우에는 상권분석 〉 대분류 〉 중분류 〉 소분류 업종까지 선택해야 정보를 확인할 수 있다.

그다음엔 **상권분석**을 탭한 후 대분류에서 업소수가 가장 많은 **음식업종 선택** → 중분류도 업소 수가 가장 많은 **커피점/카페** 선택 → 소분류는 **커피전문점/카페/다방**으로 선택후 결과를 같이 확인해보도록 하자.

③ 검색결과는 **상권분석, 업종/매출, 인구분석, 지역분석** 탭으로 나타나며, 해당 정보는 탭하면 볼 수 있다.

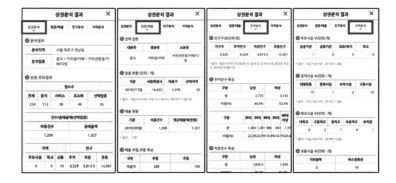

상권분석탭 결과 체크

연남동 → 상권분석 → 음식업종 → 커피점/카페 → 커피전문점/카페/다방으로 상권분석을 진행한 결과, 전체 234개 업소 중 음식 112개, 선택업종(커피점/카페) 35개를 합하면 147개 약 63% 차지하고 있다는 걸 알 수 있고, 그러므로 연남동 일대는 음식업 중심의 상권임을 확인할 수 있다.

선택 지역의 상권 평가등급은 총 5등급 중 3등급이다. 1등급에 가까울수록 상권이 활성화되었다는 것을 의미하며, 이는 상권의 전반적 업종경기와 주변 집객시설, 교통, 여건을 고려하여 평가한 결과이다. 상권 평가지수는 53.8점에서 53.3점으로 전월 대비 0.5% 하락했다.

상권분석 결과 ✕

| 상권분석 | 업종/매출 | 인구분석 | 지역분석 |

❶ 분석정보

분석지역	서울 마포구 연남동
분석업종	음식 > 커피점/카페 > 커피전문점/카페/다방

❷ 상권 주요정보

업소수				
전체	음식	서비스	도소매	선택업종
234	112	38	49	35

건수/총매출액(선택업종)	
이용건수	총매출액
1,208	1,327

지역			인구		
주요시설	학교	교통	주거	직장	유동
6	4	10	6,529	3,813.5	14,561

❸ 상권평가등급

구분	내용
상권등급	3등급
전월대비상권평가지수	53.8 ▸53.3

세부항목평가요약	
성장성(20점)	9.7
안정성(20점)	10.2
영업력(20점)	11.6
구매력(20점)	14.5
집객력(20점)	7.3
합 계	53.3

선택 지역은 구매력이 높고, 상대적으로 접객력이 낮은 것으로 분석되었다.

연남동 일대의 업종별 매출을 확인한 결과, 2019년 9월 기준 이용 건수는 월 1,208건, 1,327만원의 매출을 올렸다. 매출 특성은 주말이 34.2%로 높게 나타나며, 요일별로는 일요일에 23.1%로 가장 높고, 목요일에 8.1%로 가장 낮게 분석되었다. 시간대별로는 14~17시간대가 33%로 가장 높고, 00~06시 시간가 1%로 가장 낮게 분석되었다.

상권분석 결과 ✕

| 상권분석 | 업종/매출 ▾ | 인구분석 | 지역분석 |

❶ 선택 업종

대분류	중분류	소분류
음식	커피점/카페	커피전문점/카페/다방

❷ 업종 현황 (단위 : 개)

기준	서울특별시	마포구	선택지역
2018년12월	16,833	1,078	33

* 출처 : 지방자치단체, 자체 조사 데이터, 2019년 11월기준

❸ 매출 현황

기준	이용건수	평균매출액(만원)
2019년09월	1,208	1,327

* 출처 : , 기준

❹ 매출 주말,주중 특성

구분	주말	주중
매출액	288	150
비율	34.2%	65.8%

❺ 매출 요일별 특성 (단위 : %)

월	화	수	목	금	토	일
14.2	11.8	11.4	8.1	11	20.3	23.1

❻ 매출 시간대별 특성 (단위 : %)

00 ~ 06시	
06 ~ 11시	6.9
11 ~ 14시	30.9
14 ~ 17시	33
17 ~ 21시	20.9
21 ~ 24시	7.1

TIP 매출액 현황은 카드사 가맹점 매출 기반으로 추정된 정보로, 세부적인 조건(점포 면적, 점포 위치의 입지조건, 서비스 품질 등)에 따라 달라질 수 있다. 매출현황과 이용건수, 평균매출액은 동종업종의 창업을 할 경우 점포의 매출액을 추정해볼 수 있다. 추정 매출액에 따른 투자규모를 결정하면 창업 실패의 위험을 줄일 수 있다.

이 외에도 **인구분석** 결과 정보를 통해 예상고객 규모를 추정할 수 있고, 성별/연령대별 분포를 통해 주요 고객군에 대한 정보를 확인할 수 있으며, **경쟁분석** 정보를 통해 업소별 경쟁영역 내 거래 건수를 기반으로 경쟁수준을 평가할 수 있는 지표를 확인함과 동시에 안전, 주의, 위험, 고위험 4단계 경고 형태로 현 시장상황을 체크할 수 있다.

어떤가? 생각보다 상세하고 다양한 정보를 제공하고 있다는 데에 놀랐을 것이다. 아마 대부분이 창업을 하면 자신들이 잘될 거라고 생각한다. 하지만 현실은 90% 이상이 망하고, 그중 9%가 큰 소득 없이 운영만 하고 있으며 이중 1%만이 실제 돈을 번다고 한다. 그만큼 창업은 어렵다는 것이다. 이 어려운 창업을 단순히 나의 의지로만 하지 말고 앞으로는 이러한 정보들을 적극 활용해 남들보다 한발 앞에서 창업을 시작하기를 바란다.

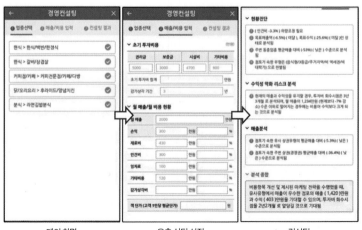

<소상공인마당> 활용방법

| 메인 화면 | 우측 상단 설정 | 컨설팅 |

경영컨설팅을 통한 수익성과 리스크 분석: 소상공인마당은 창업할 업종을 선택하고 초기 투자비용과 월 매출/비용을 입력하면 지역의 현황을 진단하여 매출분석 결과를 토대로 수익성과 리스크 분석 내용을 제공한다.

APPLICATION 2

매물검색, 시세조회, 부동산 정보 앱

리브온

특별히 집을 사거나 사무실을 구할 때만이 아니더라도 부동산 정보는 우리가 지속적으로 체크해야 하는 생활의 한 부분이다. 경제지표로 많이 인용되는 것 중 하나가 바로 부동산이다. 부동산 정보는 경제 상황을 반영한다. 뿐만 아니라 부동산은 개인의 소유품 중 가장 고가의 상품이기도 하다. 그렇기에 자가 또는 사무실 또는 투자 등 다양한 목적으로 활용되고 있는 것이다.

어떠한 목적을 갖고 있든 고가의 상품을 대할 때는 그에 대한 정보를 많이 알수록 유리한 입장에서 시작할 수 있다. 우리가 잘 알고 있듯 투자의 목적은 수익을 내는 것. 하지만 비싸게 사서 싸게 판다면 투자라고 할 수 없다. 즉 부동산의 현 시세가 어떤지 흐름을 읽을 줄 알아야 기회를 잡을 수 있다. 가령 우리가 음식 매장을 운영할 계획을 가지고 있다고 해보자. 어떤 음식점을 운영하는지에 따라 상권이 달라질 것이다. 단지 유동인구의 수나 월세의 높고 낮음보다 유동인구의 성별, 나이, 시간대, 주변상권 등 다양한 정보를 통해 내 상품이 해당 상권에 적합한지를 파악하는 게 더 중요하다는 것이다.

〈리브온Liiv ON〉 앱은 KB국민은행에서 제공하는 매물검색, 시세조회, 부동산 정보 등을 간편하게 이용할 수 있는 서비스이다. 아파트, 연립다세대, 오피스텔, 분양권, 주택, 상가 등 희망지역의 매물 검색, 시세 및 변동추이와 실거래가, 분양·청약 일정부터 분양뉴스 캘린더 등 분양정보, 경매물건 검색, 통계, 칼럼, 경매지식 등의 정보를 제공한다.

2019년 12월 KB국민은행은 한국공인중개사협회와 '부동산업무 공동발전을 위한 업무제휴 협약'을 통해 종합 부동산플랫폼 〈리브온〉과 협회에서 운영 중인 부동산 플랫폼 〈한방〉이 상생 네트워크를 구축해 나갈 계획이라고 밝혔다. 이에 따라 KB국민은행은 KB부동산 〈리브온〉 앱 내 매물 카테고리에서 협회가 제공하는 매물을 광고비 없이 무료로 노출하고, KB시세와 부동산 정보 콘텐츠를 협회에 무상으로 제공할 계획이며, 협회는 회원 중개사무소로부터 받은 진성매물 약 75만여 건을 〈리브온〉 앱에 매월 제공하고 지역·단지별 시세조사, 실거래가 정보 수집 등에 협력하기로 했다. 그만큼 〈리브온〉에서 제공되는 정보들은 높은 수준의 정보들이며 활용가치는 점점 높아질 것이라는 것이다.

세상에 운으로 이룰 수 있는 것은 거의 없다. 즉 자신이 하면 다 대박이 날 거라는 착각 속에서 빨리 벗어나야 한다. 모든 것은 내가 아는 정보를 통해 기회를 포착하고 만들어간 것임을 명심하고 당장에 필요 없을 정보라도 언젠가는 나에게 기회로 돌아올 수 있으니 알아두면 도움이 될 것이다.

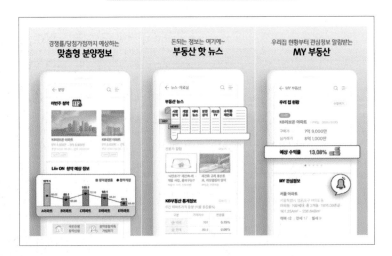

사용환경 안드로이드	**리뷰 점수** 2.9 ★
다운로드 수 50만 이상	**난이도** ★★★☆☆
활용도 ★★★★★	**활용방법** 매물 검색, 시세 조회, 부동산 정보 확인

\<리브온\> 설치방법 🔍

1 구글 플레이 스토어 접속

2 '리브온' 또는 'Liiv ON' 검색

3 '설치' 탭하여 설치

4 〈리브온〉 앱 실행

〈리브온〉 사용방법 🔍

〈리브온〉은 KB국민은행에서 운영하는 앱 서비스이다. 때문에 일부 서비스의 경우 KB국민은행 인터넷뱅킹 가입이 필요하며, 가입하면 더 많은 정보를 제공받을 수 있다. 또한 분양, 대출, 부동산 정보, 상권분석 등 다양한 정보와 서비스를 제공한다. 각 정보들은 필요한 항목들을 탭하여 정보 및 서비스를 이용할 수 있다. 기본적인 매물, 시세, 분양, 뉴스, 자료 등의 정보들은 메인 화면 하단에서 확인할 수 있다.

매물 및 시세

〈리브온〉은 우리가 흔히 사용하는 부동산 앱과 거의 동일한 매물 및 시세 정보를 제공한다. 아파트, 주택뿐만 아니라 상가, 사무실, 공장, 토지 등 모든 부동산의 매물과 시세를 확인할 수 있다. 화면 우측 상단의 **상세**를 탭하여 지역, 매물 종류, 거래 유형, 매매 방식, 옵션 등을 설정하면 내가 원하는 목적에 최적화된 정보가 검색이 된다. 만약 출퇴근 소요 시간을 설정하고 교통수단을 입력하면 이에 맞춤형 매물 및 시세를 조회할 수 있다. 또 지역을 입력하지 않아도 지하철 노선에 따라 검색할 수 있고, 관심 지역을 설정하면 쉽게 매물 및 시세 정보를 찾아볼 수 있다.

분양

분양 카테고리에서는 청약가점정보와 관심지역을 등록하고 청약저축과 청약신청도 할 수 있다. 다양한 매물의 분양 및 청약정보를 한눈에 확인할 수 있다. 뿐만 아니라 다양한 분양 매물의 예상 경쟁률을 확인할 수 있으며, 현재 진행 중인 분양계획, 청약 중, 분양 중, 미분양 매물 리스트까지 확인이 가능하다.

분양 카테고리 하단에는 매월 주차마다 분양 소식을 한눈으로 볼 수 있는 **분양소식**이 있고, **금주의 분양 이메일 신청**을 통해 나의 이메일로 정보를 받아볼 수 있으니 참고하도록 하자.

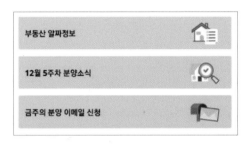

뉴스/자료

앞으로 가장 많이 접속하여 정보를 수집해야 하는 부동산 뉴스 카테고리이다. **시장분석, 분양, 금융, 상식, 재건축, 개발, 수익형, 테마 뉴스** 등 총

9가지의 키워드를 통해 정보를 제공하고 있다.

〈리브온〉 활용방법 🔍

이 외에도 〈리브온〉에서는 다양한 기능들을 제공한다.

▶ 매물등록

내가 가지고 있는 부동산을 매물로 등록할 수 있다.

우리집 현황을 등록하면 실거래가 대비 예상수익률, 시세 추이 등을 확인할 수 있다.

▶ 부동산 계산기

양도세, 취득세, 종합부동산세 등을 계산할 수 있다.

▶ 알림 서비스

매물, 시세, 분양 등의 다양한 정보를 푸시 알림으로 빠르게 확인할 수 있다.

▶ 대출신청

KB국민은행 대출상품과 내용을 확인하고 바로 대출신청을 할 수 있다.

▶ 상권분석

〈리브온〉 앱 또한 〈소상공인마당〉 앱처럼 상권분석이 가능하니 한번 활용해보면 좋을 것이다. 전체적인 진행방법은 〈소상공인마당〉과 비슷하니 참고하도록 하자.

▶ 로드뷰(실제 목적지의 모습을 확인)

매물 검색 등 지도 서비스가 제공되는 화면에서는 해당 위치에 대한 로드뷰를 제공해준다. 로드뷰는 다음에서 제공하는 지도 서비스로 목적지를 실제로 보듯 살펴볼 수 있는 서비스이다.

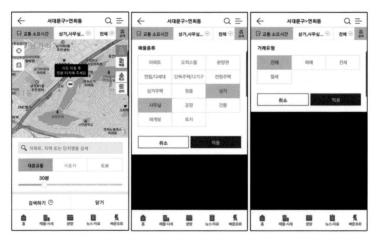

APPLICATION 3

취미부터 전문 분야까지 온·오프라인 전문 강의 플랫폼

〈클래스 101〉〈온오프믹스〉〈탈잉〉

우리는 어릴 때부터 사회에 나와 취직을 할 때까지 무수히 많은 공부를 하고 학원을 다니고 자격증 공부를 한다. 요즘 초중고 학생들만 해도 기본적으로 2~3개의 학원을 다닌다. 그런데 이렇게 학구열이 뛰어난 나라에서 공부한 사람들이 왜 학교를 졸업하는 순간부터 더 이상 배우지를 않는 걸까? 그 공부란 게 좋은 대학을 가기 위해, 또는 좋은 직장에 취업하기 위해 어쩔 수 없이 한 것이기 때문이다. 사실 그때부터 진짜 자신의 인생을 위해 공부해야 하는데도 말이다.

만약 당신이 아직 무엇을 하고 싶은지 찾지 못했다면, 또는 새로운 도전을 해보고 싶다면 다양한 강의를 들어보라고 추천하고 싶다. 획일적이고 정형화된 학창 시절의 수업들과는 많이 다르다. 강의 플랫폼에서 이루어지는 강의는 대부분 강사 자신들의 경험이나 지식을 통해서 진행하는 경우가 대부분이다. 현실적으로 도움이 많이 될 뿐만 아니라 현재의 트렌드가 잘 반영돼 있다.

하나 예를 들어보자면, 요즘 SNS가 핫해지면서 유튜버나 크리에이터 인플루언서 등이 매우 유망한 직종으로 떠오르고 있지 않은가(이것은 전 챕터에서 말한 정보와 또 관련이 된다). 지금 우리가 이 직업을 핫하다고 부르는 이유는 주변과 뉴스, 신문에서 연일 떠들고 있고, 내 눈에도 그렇게 보이기 때문이다. 하지만 지금 이미 자리를 잡은 사람들은 이미 한참 전에 시작했기 때문에 그 결과를 얻었다는 사실을 잊어서는 안 된다.

내가 SNS 및 온라인 플랫폼을 운영하기 시작한 것은 5~6년 전이다. 물론 그때에도 이미 자리를 잡은 사람들이 많았다. 그런데 이것이 이제야 많은 사람들의 주목을 받고 인기를 끌고 있는 것이다. 그러면 나는 그것을 어떻게 알게 되었고 시작하게 되었을까? 나 역시 강의 플랫폼을 통해 강의를 들었고 정보를 얻었다. 그것만 했을 뿐인데도 이미 몇 년은 앞선 정보를 얻었다는 얘기다.

여기서 하나 더 말하자면, 모두가 단순히 강의를 듣기 위해서만 수강을 하는 것은 아니라는 것이다. 이들 중에는 멘토를 얻거나 해당 집단 그룹에 속하기 위해 강의를 듣는 경우도 많다. 생각해보라. 내가 하고 싶은 분야에서 이미 자리를 잡은 사람들과 만날 수 있는 자리이다. 그들과 어울리는 것만으로도 나는 해당 분야의 정보를 빠르게 접할 수 있는 것이다.

부자가 되고 싶으면 부자 옆으로 가라고 했다. 마찬가지로 성장하고 싶다면 성장하는 무리에 들어가는 것이 가장 빠른 방법일지 모른다. 그래서 나는 자격증 강의부터 자기계발 강의까지 다양하게 수강할 수 있는 강의 플랫폼 앱을 소개해보려고 한다.

대한민국 1등 온라인 취미 클래스 서비스: 〈클래스 101〉

〈클래스 101〉은 취미로 가볍게 시작할 수 있는 강의들로 구성된 온라인 강의 플랫폼이다. 즉 전문 직종에 관련된 강의보다는 누구나 쉽게 시작할 수 있는 분야로 강의가 이루어진 게 장점이다. 취미 클래스라고 해서 꼭 취미에 국한된 것은 아니며 1인 창업, 무자본 창업 등 누구나 쉽게 접근할 수 있는 분야의 강의라고 생각하면 된다.

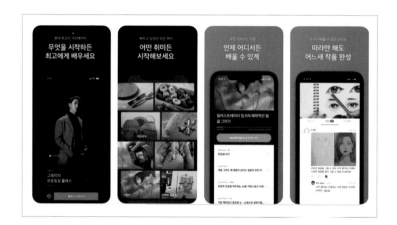

사용환경 안드로이드, 아이폰	**리뷰 점수** 4.6 ★
다운로드 수 10만 이상	**난이도** ★☆☆☆☆
활용도 ★★★☆☆	**활용방법** 온라인 학습 플랫폼

\<클래스 101\> 설치방법 🔍

1 구글 플레이 스토어 또는 앱 스토어 접속

2 '클래스 101' 또는 'Class 101' 검색

3 '설치' 탭하여 설치

4 \<클래스 101\> 앱 실행

온·오프라인 모임, 행사, 강의 앱: \<온오프믹스\>

창업 마케팅 취미 부업 모임 행사 등 다양한 전문적인 강의와 모임으로 이루어져 있는 온라인 및 오프라인 모임, 행사, 강의 플랫폼이다. 오프라인 모임 및 강의는 직접 만나서 수강을 하거나 관계를 맺는 만큼 그들과 관계형성에 도움이 된다. 뿐만 아니라 같은 목적을 가지고 만나는

만큼 그들과의 교류도 내 성장에 큰 도움을 줄 수 있다. 때문에 나는 되도록이면 강의라도 온라인보다는 오프라인 강의를 선호하는 편이다.

<온오프믹스> 설치방법 🔍

1 구글 플레이 스토어 또는 앱 스토어 접속

----

2 '온오프믹스' 검색

----

3 '설치' 탭하여 설치

4 〈온오프믹스〉앱 실행

매력 넘치는 능력자들에게 수업을 들어보세요: 〈탈잉〉

취미부터 전문 교육까지 그 범위가 가장 넓은 오프라인 강의 플랫폼
이다. 〈탈잉〉의 가장 큰 특징은 전문 강사들의 강의가 아닌 자신이 가지

고 있는 재능을 강의하는 형태이기 때문에 각 분야의 핵심이나 강사의 노하우를 얻을 수 있다. 또한 타 강의 플랫폼에 비해 강의료가 저렴한 편이다.

〈탈잉〉 설치방법 🔍

1 구글 플레이 스토어 또는 앱 스토어 접속

2 '탈잉' 검색

3 '설치' 탭하여 설치

4 〈탈잉〉 앱 실행

PART 3

시간은
돈이다

시간을 절약해주는 필수 활용 앱들:
〈뱅크샐러드〉〈토스〉

이제까지 목표 설정부터, 스케줄 관리, 창업 및 부동산 정보 등 성공적인 미래를 위해 꼭 필요한 앱들에 대해서 알아보았다. 이번 챕터에서는 일상에서 바로 사용이 가능하며 나의 스마트한 삶을 위해 필요한 활용 앱들에 대해서 알아보려고 한다.

지금부터 소개할 활용 앱은 실제로 앞에서 계속 강조했던 시간의 활용적인 사용 부분에서도 매우 효과적이고, 업무 향상에도 도움이 되는 앱들이니 꼭 활용해보기를 권한다.

APPLICATION 1

나의 모든 자산을 스마트하게 관리해주는 자산매니저

뱅크샐러드

대부분의 사람들은 자기가 하루 또는 한 달에 얼마나 쓰고 사는지 정확히 알지 못한다. 그 이유는 가계부를 작성하지 않기 때문이다. 당신은 현재 자신의 고정 지출이 얼마인지 정확히 아는가? 또는 보험료가 얼마나 나가는지 정확히 알고 있는가? 설사 알고 있더라도 대강의 금액일 것이다. 이것은 정말 위험한 신호이다. 아무리 많은 돈을 번들 지출되는 비용을 모르고 컨트롤하지도 못하고 있다면 조만간 당신의 통장에 남아 있을 돈은 없을 거라고 나는 장담한다.

현재 회사를 다니거나 다녀봤다면 한 번쯤 이런 생각을 해보았을 것이다. '한 달에 얼마 정도만 벌면 좋겠다'라는 희망사항 말이다. 이 기준은 나이나 직급 등에 따라 다르겠지만 기본적으로 보통 300~400 정도를 바라지 않을까 싶다.

나도 그랬다. 첫 회사에서 내 연봉은 1,800만 원이었다. 실수령액은

140~150 정도 되었던 것 같다. 그렇게 회사 생활을 하면서 월급이 300 정도만 되어도 좋겠다는 생각을 자주 했었고, 300 정도만 벌면 쓸 것 쓰면서도 돈이 잘 모일 것 같았다. 그런데 현실은 300이나 400을 벌 때에도 그리고 그 이상을 벌어도 돈이 거의 모이지 않는 건 똑같았다.

왜 돈이 모이지 않았을까? 답은 간단하다. 실제 지출을 정확하게 알지 못했기 때문이다. 나는 나의 유동 지출 및 고정 지출에 어느 정도 알고 있다고 생각했었다. 그러나 돈을 많이 쓰지 않음에도 불구하고 돈이 모이지 않아 6개월 정도의 지출내역을 꼼꼼히 따져보았다. 그리고 잠시 뒤 뜻밖에 많은 지출을 하고 있음을 알게 되어 당황하지 않을 수 없었다.

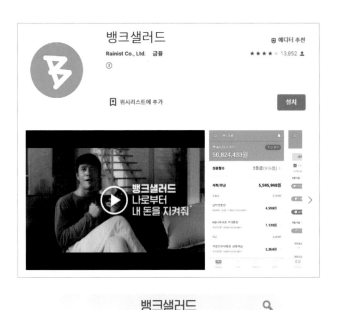

뱅크샐러드 🔍

사용환경 안드로이드, 아이폰		**리뷰 점수** 4.1★	
다운로드 수 100만 이상		**난이도** ★★★☆☆	
활용도 ★★★★★		**활용방법** 흩어진 금융 자산과 실물 자산을 한 번에	
		모아 관리하고, 지출 관리를 받을 수 있는	
		혁신적인 돈 관리 앱	

　나는 그제야 자산관리사로부터 자문을 받아가면서 돈을 관리하는 방법을 배우기 시작했고, 자산관리의 시작은 아주 간단하게도 나의 지출을 정확하게 아는 것이 시작이고 끝이라는 것을 깨달았다. 고정 지출 및 불필요한 지출은 줄이면서, 돈의 사용 계획을 좀 더 구체적으로 사용한

다면 당연히 나도 모르게 새어나가는 돈은 줄어들 수밖에 없다. 그러면 내가 가진 자산의 한도 내에서 돈을 사용하기 때문에 돈이 모일 수밖에 없는 것이다.

너무 걱정할 필요는 없다. 지금부터라도 지출내역과 영수증을 일일이 체크하면서 가계부를 적으라는 말은 하지 않을 테니. 우리는 스마트한 시대에 살고 있는 만큼 그 편의성을 이용해 관리를 하면 된다. 지출 관리는 생각보다 간단하게 이루어진다. 가계부 앱에 나의 통장, 신용카드, 보험내역 등만 등록해놓으면 구체적인 사용내역이 정확히 기록된다. 우리는 이를 통해 지출에 대해 체크만 하면 되는 것이다.

그런 맥락에서 이번 챕터에서는 〈뱅크샐러드〉라는 앱을 소개하고자 한다. 등록만 해놓으면 자동으로 수입, 지출, 이체 등 모든 내역을 자동으로 불러오고 내역에 따라 카테고리도 알아서 분류해줄 뿐 아니라, 은행, 카드, 보험, 증권 등 여러 금융사의 흩어져 있는 자산을 모두 찾아주기도 한다. 또 부동산이나 자동차와 같은 실물 자산도 관리가 가능하고, 기간별, 카테고리별, 소비패턴을 분석하여 나의 문제점들을 쉽게 데이터로 확인할 수 있는 아주 유용한 앱이다.

다음은 〈뱅크샐러드〉에서 공개한 핵심 기능들이다.

1) 모든 자산 정보가 자동으로 입력되는 스마트한 돈 관리
- 은행, 카드, 보험, 증권 등 여러 금융사에 흩어져 있는 자산 연동
- 부동산, 자동차 등 실물 자산도 간편하게 조회 가능

- 매월 쌓이고 있는 연금도 앱에서 한 번에 조회

- 건강도 자산! 국민건강보험공단의 건강검진 결과도 앱에서 한 번에 확인

2) 돈 관리에 꼭 필요한 편리한 자동 가계부 지원

- 수입, 지출, 이체 등 모든 내역을 자동으로 불러오고 카테고리도 알아서 분류

- 자유로운 내역 편집, 월 시작일 설정, 카테고리 추가/삭제 등 꼭 필요한 핵심기능만 구축

- 기간별, 카테고리별 소비패턴을 분석할 수 있는 통계 그래프 공급

3) 금융생활을 분석해 상황에 맞는 개인 맞춤형 금융비서 알림

- 주간/월간 단위로 개인의 금융 패턴을 파악할 수 있는 리포트 발송

- 개인의 금융 내역을 토대로 수입과 지출을 분석, 상황에 맞는 조언과 격려 메시지 전달

- 소비 패턴을 제대로 인지할 수 있도록 카테고리에 따라 경고/칭찬으로 구성

- 투자 상품에 대한 평가금 추이 및 잉여 자금 계산

4) 개인별 맞춤 혜택으로 윤택한 금융 라이프 제공

- 소비 패턴을 분석해 가장 큰 혜택을 누릴 수 있는 '혜택 좋은 신용카드'를 추천

- 신용등급에 영향 없이 '신용등급 무료 조회' 및 원클릭으로 신용점수 올리기 가능

- 개인 신용등급에 따라 확정된 금리를 제공하는 대출협상 서비스로 복잡한 대출 절차
  간소화

- 건강검진 결과를 기반으로 개인 건강상태에 따라 필요한 보험을 낮은 납부액 순으로
  정렬

- 개인별 쌓여 있는 연금, 한 번에 조회부터 현 상태 분석을 통한 노후 점검 솔루션 제공

그러면 각 기능들에 대해 자세한 사용방법을 같이 알아보면서, 나만의 자산관리 금융 비서를 만들어보도록 하자.

〈뱅크샐러드〉 설치방법   Q

1 구글 플레이 스토어 또는 앱 스토어 접속

----

2 '뱅크샐러드' 검색

----

3 '설치' 탭하여 설치

----

4 〈뱅크샐러드〉 앱 실행

〈뱅크샐러드〉 정보 연동방법   Q

1) 〈뱅크샐러드〉 회원가입 후 메인 화면 우측 상단의 **자산 추가**를 탭한다.

2) ① **은행, 카드, 증권, 보험, 부동산/차, 연금, 현금** 중 정보를 등록하려
는 카테고리를 선택 후 등록하면 된다. 먼저 신용카드 등록을 위해
카드 카테고리를 탭하여 신용카드를 등록한다.

② 카드 등록 방법은 **카드사의 아이디, 비밀번호** 또는 **공인인증서**를
통해 인증 후 등록할 수 있다. 참고로 공인인증서는 한 번만 인증하
면, 다른 카드들은 인증 절차 없이 바로 카드 등록이 가능하다.

③ 등록하려는 카드사 명 옆의 **+연동하기**를 탭한 후 직접 등록해보자.

이렇게 카드사 정보가 등록되면, 해당 카드에서 사용된 내역을 볼 수
있게 된다. 만약 아직 카드 사용 내역이 보이지 않는다면, 방금 카드를
연동한 페이지에서 **MY** 탭을 눌러 연동된 카드를 탭하여, 업데이트를 해
주면 된다.

신용카드 및 체크카드 외에도 뱅크샐러드가 제공하고 있는 **은행, 증**

권, **보험, 부동산/차, 연금, 현금** 등도 다 입력하는 것이 좋다. 처음에는 등록할 게 많아 조금 귀찮을 수 있지만 상세하게 등록할수록 더욱 완벽한 자산관리가 가능해지니 미루지 말고 지금 당장 실행에 옮기도록 하자.

〈뱅크샐러드〉 활용방법

모든 정보들이 등록되었다면, 이를 통해 지출내역, 소비패턴, 주의사항 등 다양한 정보들을 얻을 수 있다. 각 정보들은 메인 화면 하단에서 **My 금융, 재테크, 금융비서, 맞춤추천**을 탭해 확인이 가능하다.

- **My금융**: 등록된 정보를 통한 현재 카드사별 총 사용내역과 자산현황을 쉽게 확인할 수 있다.
- **재테크**: 수입, 지출, 이체 등에 대한 자세한 정보가 제공된다.
- **금융비서**: 나의 상태에 따른 피드백을 주는 금융비서이다. 현재 상태에 따라 어떻게 처리하면 좋을 피드백을 준다.
- **맞춤추천**: 효율적인 카드추천부터 대출 보험 연금 보험 등 나에게 최적화된 정보를 추천해준다.

각 기능들은 목적에 따라 사용하면 생각보다 많은 도움을 준다. 더 세세히 설명하고 싶지만 실제 앞으로 우리가 가장 많이 사용하게 될 **재테크, 금융비서** 메뉴에 대해서만 좀 더 알아보도록 하자.

예산 설정하기

메인 화면 하단 **재테크** 메뉴에 들어가면, **가계부, 예산 투자** 정보를 확인할 수 있다. 먼저 **예산** 메뉴에 들어가 나의 월별 사용 가능한 예산을 설정하자. 예산을 설정할 때에는 내가 사용할 수 있는 최대의 금액을 입력하는 것이 아닌, 앞으로 내가 월별 소비를 하고자 하는 예상 금액을 입력하면 된다. 만약 좀 더 구체적으로 사용금액별 예산을 설정하고 싶다면, 먼저 전체 예산을 설정 후 생성되는 **카테고리 예산 설정**을 탭하면, 경조, 교육, 교통, 식비, 미용, 생활 등 목적에 따라 예산 비용을 입력할 수 있다.

우리는 예산 설정을 통해 실제 예산금액 안에서 나의 소비형태의 문제들을 체크해야 한다. 그래야 나의 소비형태를 명확하게 알 수 있기 때문이다. 아마 직접 예산을 설정하고 이후 나의 지출 내역을 본다면 생각보다 불필요한 부분에 많은 지출이 발생했다는 것을 쉽게 알 수 있을 것이다. 이러한 부분들을 줄여나가는 것이 기본적으로 현명한 소비와 돈이 모을 수 있는 가장 첫 번째 조건인 것이다.

월별 수익 및 지출 상세 현황 체크하기

이제는 가장 중요한 나의 소비 패턴을 분석해야 한다. 소비 패턴은 **재테크** 메뉴의 **가계부**에서 확인할 수 있다. **가계부** 메뉴는 **내역, 달력 통계, 카드별** 총 4가지 타입으로 정보를 제공해준다.

- 내역: 내역 항목에서는 실제 나의 수입, 지출, 이체 내역을 자세하게 알 수 있다. 상단의 **수입, 지출, 이체** 항목의 체크박스를 통해 선택적으로 원하는 정보만 확인도 가능하다.
- 달력: 캘린더를 통해 각 일자마다 사용된 총 금액을 한눈에 표시해준다. 원하는 날짜를 탭하면, 해당 날짜의 입금, 지출, 이체 세부 내역을 확인할 수 있다. 달력 항목 또한 **수입, 지출, 이체** 항목을 통해 선택적으로 확인이 가능하다.

- 통계: 통계항목은 **수입/지출 분석, 일별 지출 추이, 순자산 추이**에 대한 통계 그래프를 제공한다. 매번 모든 내역을 일일이 체크할 수 없기 때문에 통계 그래프를 통해 나의 수입 및 지출에 대한 전반적인 흐름을 체크하는 데 유용하다. 통계 그래프를 통해 실제 지출이 많이 발생하는 영역이 무엇인지 파악하고, 상세 내역을 통해 어떤 지출이 발생한지를 체크한다면 좀 더 쉽게 불필요한 지출을 줄이는 데 도움이 될 것이다.

- 카드별: 등록된 카드사별 총 사용내역을 확인할 수 있다.

나의 자산관리 분석 리포트

〈뱅크샐러드〉는 등록된 모든 정보를 토대로 나의 금융에 대한 리포트를 제공해준다. 즉 우리가 원하는 현실적인 나의 개인 금융비서가 생긴 것이다. 만약 과소비가 발생할 경우 **경고** 메시지가 발송되고, 주간, 월간 리포트를 통해 다양한 상황별 분석 리포트 또한 제공된다. 순간적으로 내가 놓칠 수 있는 충동구매부터 대출 잔액이 있는 경우 대출현황까지 지속적으로 자극을 주어, 돈이 나를 컨트롤하는 게 아니라 내가 돈을

컨트롤할 수 있게 도와주는 역할을 매우 충실하게 해주고 있다. 주 또는 월 단위로 체크하는 습관을 들인다면 굉장히 좋은 관리 습관을 만들 수 있을 것이다.

이 외에도 〈뱅크샐러드〉는 나의 소비 패턴을 분석해 나에게 최적화된 신용카드 추천부터 신용등급과 향상 방법 등을 조언해주며, 나에게 맞는 대출 및 보험 등 다양한 정보들을 나의 금융 정보를 분석해 제공하고 있으니 참고하여 활용해보도록 하자.

APPLICATION 2

세상에서 가장 쉽고 빠른 송금 앱

토스

앞에서 나의 자산을 관리할 수 있는 방법에 대해서 알아보았다. 이번에 소개할 〈토스〉는 〈뱅크샐러드〉와 함께 사용하면 매우 효과적일 금융 앱이다. 〈뱅크샐러드〉의 주요 콘텐츠가 자산관리라면, 〈토스〉는 내 돈의 현황을 한눈에 볼 수 있고, 복잡한 절차 없이 안전하고 빠르게 송금할 수 있는 금융 앱이다.

〈토스〉의 가장 큰 장점은 거래처가 다른 은행사의 통장들도 모두 한 번에 관리할 수 있고 송금할 수 있다는 것이다. 뿐만 아니라 흩어져 있던 내 모든 계좌, 카드, 투자내역, 신용등급까지 모두 한눈에 조회할 수 있다. 이런 기능 덕분에 은행 계좌에 자기도 모르게 잠들어 있는 돈을 찾아내주는 앱으로 유명하다.

토스(TOSS)

사용환경 안드로이드, 아이폰   **리뷰 점수** 4.4 ★

다운로드 수 100만 이상   **난이도** ★★☆☆☆

활용도 ★★★★☆   **활용방법** 빠르고 안전한 송금 및 입·출금 관리

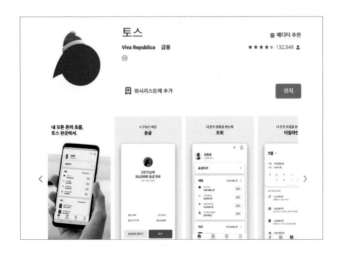

〈토스〉 설치방법 🔍

1 구글 플레이 스토어 또는 앱 스토어 접속

- -

2 '토스' 검색

- -

3 '설치' 탭하여 설치

- -

4 〈토스〉 앱 실행

토스 회원가입 🔍

1) 〈토스〉를 사용하기 위해서는 회원가입이 필요하다. 앱을 처음 실행하면 본인인증을 위해 개인정보 입력 후 약관 동의 및 ARS 인증이 필요하다.

2) 인증이 완료되었다면 〈토스〉에서 사용할 비밀번호 5자리(숫자 4자리 + 영문 1자리)를 설정해야 한다. 암호는 간편송금 및 무료 신용등급 조

회, 간편 투자 등의 서비스에서 사용할 수 있다. 이후 인증방법은 비밀번호 대신 지문 및 생체 인증으로 변경도 가능하다. 지문 및 생체 인증은 **전체메뉴 → 설정 → 인증 및 보안**에서 변경 가능하니 참고하도록 하자.

<**토스**> 계좌등록하기

<토스> 메인 화면에 **계좌등록 하기** 버튼을 탭하자. 만약 이미 <토스>에 계좌를 등록한 적이 있다면, 우측 상단의 + 아이콘을 탭한 후 진행하면 된다. 계좌등록 방법은 **공인인증서**를 통해 내 계좌를 모두 찾는 방법이 있고, 은행을 선택하여 계좌번호를 직접 등록하는 방식이 있다. 먼저 **공인인증서로 모든 계좌 연결**을 통해 진행을 한 후 혹시나 등록되지 않은 카드 및 계좌가 있다면 그때 직접 등록하면 된다.

　<토스>에서 등록하는 정보는 **계좌, 카드, 자동차**가 있고 **계좌, 카드**는 등록방식이 동일하며 **자동차**는 나의 자동차 번호를 입력하면 된다. 내

자동차의 시세 및 보험료 조회가 가능하다.

공인인증서로 모든 계좌 연결을 통해 진행하면 정보를 불러오는 데 약간의 시간이 걸릴 수 있다. 참고로 계좌등록이 진행되면, 〈토스〉를 통해 출금신청 및 자동이체 등록되었다는 문자가 발송되니 놀라지 말길 바란다. 이렇게 계좌 및 카드가 등록되면, 메인 화면에 등록된 계좌 및 카드 정보를 확인할 수 있다. 만약 등록이 되지 않았다면, 해당 계좌 및 카드 자체에 공인인증서 등록이 안 되어 있는 것이니 해당 계좌 및 카드사에서 공인인증서 등록만 시켜주면 된다.

〈토스〉 송금방법 🔍

〈토스〉 송금방법은 매우 간단하다. 기존 은행사 앱처럼 이체 시마다 보안카드 정보를 입력하지 않고 처음 회원가입 시 설정한 비밀번호만으로도 송금이 가능하다.

① 메인 화면에서 **송금하기** 또는 등록 계좌 옆의 **송금**을 탭

② 송금할 금액을 입력 후 **보내기**를 탭

③ 입금 계좌를 입력하거나 전화번호부터에서 연락처 선택(〈토스〉가 설치돼 있지 않

　을 경우 **미설치**로 표시되어 있음)

④ 마지막으로 받는 사람 통장에 표시할 내용(최대 7자)을 입력하거나 출금 계좌를 선택

　후 **보내기**를 탭하면 송금 완료

〈토스〉 거래 내역 및 소비 리포트 확인방법 🔍

〈토스〉도 〈뱅크샐러드〉처럼 입·출금 내역 데이터를 제공해준다. **달력**
을 통해 요일별 입·출금 내역을 확인할 수 있고, **거래 내역**을 통해 자세
한 거래 내역을 확인할 수 있다. 또한 **소비 리포트**를 통해 어떤 영역에 거

래가 많았는지, 고정적인 지출은 무엇이 있는지 등 다양한 소비 리포트를 제공해주니 참고하도록 하자.

APPLICATION 3

팩스, 아직도 사무실에서만 보내니?

땡큐모바일팩스

사회생활을 하다 보면, 가끔 팩스를 사용해야 할 때가 있다. 사용빈도가 많다면 구매를 해야 하겠지만, 대부분은 1년에 2~3번 사용하는 게 전부일 것이다. 구매할 정도로 활용도가 높지는 않지만 그렇다고 없으면 불편한 게 바로 팩스가 아닐까 한다.

이럴 때 정말 고맙게 유용한 필수 활용 앱이 있다. 스마트폰으로 언제 어디서나 수신과 발송이 가능한 〈땡큐모바일팩스〉 앱이 그것이다. 참고로 '땡큐모바일팩스' 자체가 앱 이름이다. 이 앱을 통하면 인터넷이 가능한 어디서든 쉽게 팩스를 보낼 수 있을 뿐만 아니라, 개인 팩스번호를 부여 받아 수신도 가능하다. 나는 서류 작업이 많은 초창기 사업자들이나 팩스 업무량이 많은 영업직군은 꼭 이 앱을 사용해보라고 강력 추천한다.

사용환경 안드로이드, 아이폰	**리뷰 점수** 3.8 ★
다운로드 수 10만 이상	**난이도** ★☆☆☆☆
활용도 ★★★★☆	**활용방법** 팩스 송수신 앱

<땡큐모바일팩스> 설치방법 🔍

1 구글 플레이 스토어 또는 앱 스토어 접속

2 '땡큐모바일팩스' 검색

3 '설치' 탭하여 설치

4 <땡큐모바일팩스> 앱 실행

<땡큐모바일팩스> 사용방법 🔍

<땡큐모바일팩스>를 사용하기 위해서는, 간단한 회원가입을 먼저 진행해야 하니 회원가입을 먼저 진행하도록 하자. 회원가입이 완료되면, 그림과 같이 **050 무료 팩스번호**를 발급 받을 수 있는 화면이 나온다.

① 무료 팩스번호 발급 버튼을 탭하면 바로 나만의 팩스번호를 받을 수 있다.

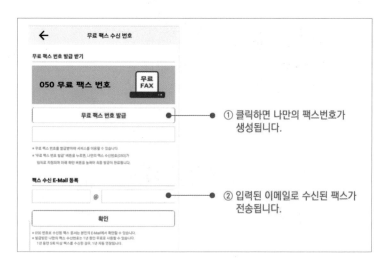

② 하단의 팩스 수신 E-mail 등록란에 나의 팩스번호로 수신된 팩스 정보들을 받아볼 이메일을 입력하면 기본 설정은 끝난 것이다. 메인 화면에서 무료 팩스 수량과 발급 받은 팩스번호, 이메일 주소를 확인할 수 있다.

팩스 발송 방식에는 **MMS 팩스 보내기**와 **무료 충전 팩스 보내기**가 있다. MMS 팩스 보내기는 내 핸드폰의 MMS 문자 비용으로 팩스를 발송하는 방식이다. 나의 요금제가 무제한이라면 요금 부담 없이 MMS로 팩스를 보낼 수 있다. 무료 충전 팩스 보내기는 상단의 **무료 팩스 충전 장수**만큼 이용할 수 있다. 무료 팩스 장수는 하단의 **충전소**를 통해 다시 얻을 수 있다. 각 기능에 대한 자세한 설명은 그림을 참고하길 바란다.

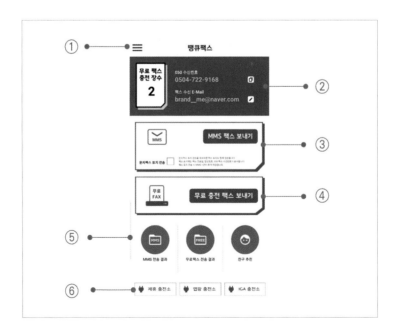

① 설정메뉴: 공지사항/FAQ/환경설정

② 무료 팩스 충전 장수/나의 팩스 정보

- 사용가능한 무료 팩스 충전 장수

③ MMS를 활용한 팩스 보내기

- 나의 MMS 문자 비용 발생

④ 무료 충전 팩스 보내기

- 무료 팩스 충전 장수만큼 가능

⑤ 팩스전송 결과 확인

⑥ 무료 팩스 충전소

- 제휴 광고 참여를 통한 무료 팩스 충전

이제 팩스 보내는 방법에 대해서 알아보자. 먼저 **MMS 팩스 보내기**와 **무료 충전 팩스 보내기** 중 원하는 발송 방법을 선택한 후 아래의 절차대로 진행하면 된다.

① 팩스로 발송할 파일 불러오기(전송문서) → ② 팩스번호 입력 후 **팩스발송** 탭

이렇게 발송된 팩스 정보는 하단의 **MMS 전송 결과 및 무료 팩스전송 결과**에서 확인할 수 있다.

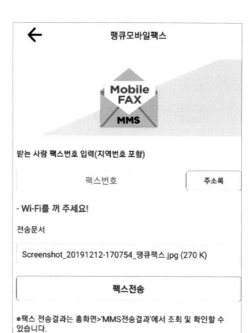

땡큐모바일팩스

받는 사람 팩스번호 입력(지역번호 포함)

| 팩스번호 | 주소록 |

- Wi-Fi를 꺼 주세요!

전송문서

Screenshot_20191212-170754_땡큐팩스.jpg (270 K)

팩스전송

※팩스 전송결과는 홈화면>'MMS전송결과'에서 조회 및 확인할 수 있습니다.

APPLICATION 4

어떠한 파일도 스캔 파일로 만들어주는 모바일 스캐너

Clear Scanner

이번 활용 앱은 문서를 스캔 파일처럼 만들어주는 앱이다. 무료 팩스 앱과 함께 활용하면 굉장히 유용하다. 누구라도 한 번쯤 외부에 있을 때 급하게 서류를 스캔해서 팩스 및 메일로 보내달라는 요청을 받아보았을 것이다. 또는 주말에 가족들과 시간을 보내고 있는데 회사 및 거래처에 급한 서류 요청을 하는 경우도 종종 있다. 이럴 때 참 난감하다. 근처에 출력소나 하다못해 문구점이라도 있다면 모를까, 그렇지 않다면 보통 지인에게 이리저리 연락하여 문제를 해결할 수밖에 없다. 이럴 때 이 앱을 활용하면 문제를 쉽게 해결할 수 있다.

아래는 실제 내가 외부 일정 중 파일을 급하게 스캔해서 보내달라는 요청을 받아 〈Clear Scanner〉 앱을 활용해 스캔 파일처럼 변경 후 발송한 파일이다.

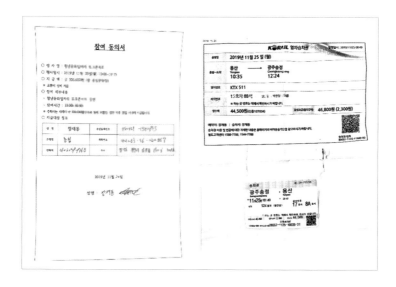

　이렇듯 외출 중 급하게 문서를 스캔해서 보내야 할 때 원본 문서를 스캔 파일처럼 만들어줘 매우 유용하다. 문서 파일은 이메일 및 각종 메신저로 직접 발송도 가능하며, PDF 파일로 따로 저장도 가능하다.

Clear Scanner 🔍

사용환경 안드로이드, 아이폰	**리뷰 점수** 4.7 ★
다운로드 수 500만 이상	**난이도** ★☆☆☆☆
활용도 ★★★☆☆	**활용방법** 문서를 스캔 파일로 변환해주는 앱

<Clear Scanner> 설치방법 🔍

1 구글 플레이 스토어 접속

2 'Clear Scanner' 검색

3 '설치' 탭하여 설치

4 〈Clear Scanner〉 앱 실행

<Clear Scanner> 사용방법 🔍

〈Clear Scanner〉의 사용방법은 매우 간단하다. 스캔 파일로 변환하려는 문서를 불러와 영역을 지정하기만 하면 된다.

변환 파일 불러오기

①번은 나의 스마트폰 사진첩에서 파일을 불러오는 메뉴이고, ②번은 직접 사진을 찍는 메뉴이다. 원하는 방식을 선택해 스캔 파일로 변환하려는 파일을 가지고 오자.

TIP 나머지 기능들은 실제 거의 사용하지 않으니 참고만 하도록 하자.

파일 검색　클라우드연동

수정 / 공유
바둑판으로 보기
분류
파일에서 불러오기
새로운 폴더

설정
클라우드에 동기화
백업 / 복구
휴지통
튜토리얼
이 앱이 맘에 듭니다!
프로 버전
문의
ClearScanner 소개

나의 문서

카메라를 누르거나 파일을 가져와서 시작하세요.

파일 불러오기 ◄── ① ② ──► 사진 촬영 하기

APPLICATION 4

언제 어디서나 쉽고 빠른 무제한 파일 전송 서비스

Send Anywhere

이번에 소개할 앱은 내가 가장 자주 사용하는 파일전송 앱이다. 파일전송 앱인 〈Send Anywhere〉의 가장 큰 장점은 선 연결 없이도, 인터넷이 없는 상태에서도 파일전송이 가능하다는 것이다. 이미지뿐 아니라 엑셀, 파워포인트, 한글 등 모든 종류의 파일을 원본 그대로 전송할 수 있다. 또 파일마다 암호화로 보안 기능을 통해 관리도 가능하다.

　스마트폰에 있는 데이터들은 데이터케이블을 연결 후 전송하면 되지, 라고 생각할 수도 있지만 만약 급한 문서들을 옮겨야 하는데 데이터케이블이 없거나 또는 내가 자주 사용하는 컴퓨터가 아니거나 회사에서 갑자기 사진 등을 전송해줘야 하는 경우에는 어떻게 할 것인가? 데이터케이블을 사와서 프로그램들을 설치하고 파일을 옮길 것인가? 그럴 때 빠르고 쉽게 사용 가능한 것이 바로 〈Send Anywhere〉 파일전송 앱이다.

이 앱의 가장 큰 장점은 전송하려는 파일을 링크로 만들어놓으면 48
시간 이내에 언제 어디서나 누구나 다운 받을 수 있다는 것이다. 회사

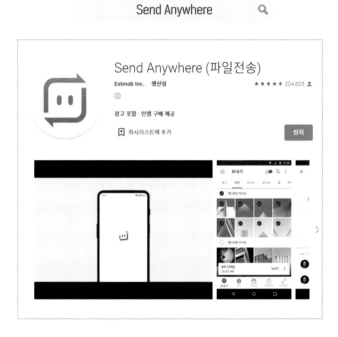

사용환경 안드로이드, 아이폰	**리뷰 점수** 4.7★
다운로드 수 20만 이상	**난이도** ★★☆☆☆
활용도 ★★★★☆	**활용방법** 사진, 동영상, 음악 파일을 PC로 옮길 때, 대용량 파일을 공유해야 하는데 모바일 데이터가 없거나 인터넷 연결이 힘들 때, 그 밖에 파일을 보내고 싶은 모든 순간에 유용하다.

출장 시 중요한 서류를 미리 링크를 만들어놓고, 급할 때 사용할 수도 있다. 또는 친구들과 공유할 사진들을 일일이 전달해주는 것이 아니라 링크 공유로 링크만 공유해주어도 된다. 이렇듯 〈Send Anywhere〉는 현대인에게는 필수 앱이니 꼭 활용해보기를 권한다.

〈Send Anywhere〉 설치방법 🔍

1 구글 플레이 스토어 또는 앱 스토어 접속

2 'Send Anywhere' 검색

3 '설치' 탭하여 설치

4 〈Send Anywhere〉 앱 실행

〈Send Anywhere〉 사용방법 🔍

스마트폰 → PC 및 다른 기기로 데이터 전송하기

① 〈Send Anywher〉 앱을 실행하면, 상단에 **최근, 사진, 비디오, 오디오** 등 파일 형태에 따라 각 카테고리가 분류되어 있다. 여기에서 전송하고자 하는 파일 형태를 선택 후 파일을 선택해주면 된다. 파일은 폴더 전체를 선택도 가능하며, 개별 선택도 가능하다.

▶ 전송 파일 선택 → 우측 하단 **보내기** 탭

② 파일 선택이 완료되고 보내기를 누르면, 그림과 같은 화면이 나타 난다. 여기에서 6자리 숫자키는 PC로 전송할 때 사용되는 정보이다. 매 번 다르게 생성되기 때문에 기억해둘 필요는 없다.

PC로 파일을 전송을 받으려면 https://send-anywhere.com 접속 후 좌측의 **받기** 항목에 6자리 숫자키를 입력하면 된다.

링크 공유로 언제 어디서나 가장 편리한 파일전송하기

링크 공유는 〈Send Anywhere〉의 기능 중 가장 유용한 기능이다. 다만 링크 공유를 위해서는 회원가입이 필요하다. 링크 공유를 요청하면, 48시간 이내에 언제라도 해당 링크를 통해서 파일을 다운 받을 수 있다. 즉 여행 가서 찍은 사진들을 모아 링크를 만들어놓고, 숙소에 와서 PC

링크 공유 시 링크 생성

PC로 링크 접속 시 화면

카카오톡으로 링크 공유 화면

등으로 사진을 받을 수도 있다. 또는 출장 중에 중요한 정보를 회사의 동료들에게도 해당 링크 주소로 접속하여 누구나 쉽게 문서를 다운 받을 수 있게 한다. 뿐만 아니라 카카오톡 등으로 링크도 공유도 가능하기 때문에 언제 어디서나 데이터를 가장 쉽고 빠르게 전송할 수 있는 수단이 되는 것이다.

주변 다른 기기에 파일전송하기

PC가 아닌 다른 스마트폰이나 기기에 바로 전송하고 싶다면, 109쪽 두 번째 이미지에 나와 있듯 하단의 **주변 기기 찾기**를 통해 바로 전송도 가능하다. 주변 기기 찾기를 탭하면 〈Send Anywhere〉가 실행되고 있는 다른 기기를 찾아서 표시해준다.

변환 영역 지정하기

파일을 선택했으면, 스캔파일로 변환하려고 하는 영역을 지정 후 우

측 하단의 V 아이콘을 탭하면 변환된 파일이 나타난다. 그리고 한 번 더 우측 하단의 V 아이콘을 탭하면 스캔파일로 변환이 완료된다.

파일 저장 및 전송하기

이렇게 변환이 완료가 되고 나면, 이제 이 파일을 저장하면 된다. 우측 하단의 **자세히** 버튼을 탭하면 **이메일 전송, 프린트, 갤러리로 저장, 저장하기** 4가지 항목이 나온다.

여기에서 **갤러리로 저장**을 탭하면, 내 스마트폰의 갤러리에 바로 저장할 수 있다. 하지만 파일을 좀 더 설정하고 싶다면, **저장하기** 항목을 탭

하면, 파일 형태(PDF, JPG)나 파일 사이즈를 설정할 수 있고, 저장하고 싶은 폴더에 따로 저장도 가능하다.

APPLICATION 6

세상에서 가장 편리한 정보 검색

Google Lens

스마트폰의 발달로 세상은 정말 편리해지고 있다. 불과 약 10여 년 전만
해도 자동차에서는 내비게이션을 통해 위치를 검색할 수 있었지만 차가
아닌 외부에서 길을 찾으려면 지도를 참조해야 했다. 하지만 지금은 어
떠한가? 스마트폰으로 쉽게 내비게이션을 사용할 수도 있고 필요한 정
보는 바로 바로 스마트폰으로 쉽게 검색이 가능하다. 여기에 한층 더 검
색을 편하게 만들어주는 앱이 바로 〈Google Lens〉이다.

〈Google Lens〉는 이미지에 있는 문자들을 찍으면 수정 가능한 텍스
트 형태로 만들어준다. 뿐만 아니라 단순한 이미지의 문자들을 찍으면
내가 원하는 언어로도 번역을 할 수 있다. 해외여행을 가서 음식의 메뉴
판을 찍으면 번역을 통해 쉽게 메뉴를 고를 수 있다. 뿐만 아니라 길을
지나가다 예쁜 꽃이나 강아지를 보았을 때 단순히 사진을 찍는 것만으
로 이에 대한 정보를 바로 알 수 있다. 또한 명소, 음식점, 매장, 옷, 가구

Google Lens 🔍

사용환경 안드로이드	**리뷰 점수** 4.6 ★
다운로드 수 32만 이상	**난이도** ★☆☆☆☆
활용도 ★★★☆☆	**활용방법** 눈에 보이는 사물을 검색하고, 카메라와
	사진만으로 주변 세상을 이해할 수 있다.

TIP 아이폰 앱 스토어에는 아직 〈Google Lens〉 앱이 출시되지 않았다. 하지만 구글 앱 및 구글 포털 사이트를 통해서 〈Google Lens〉 기능을 사용할 수 있다.

등 어떠한 것들이라도 사진만 찍으면 그에 대한 자세한 정보를 바로 바로 제공해주니 얼마나 편리한가.

〈Google Lens〉에서는 다음과 같이 앱을 소개하고 있다.

텍스트 스캔 및 번역하기

눈앞의 단어를 번역하고, 명함을 연락처에 저장하고, 포스터에 안내된 일정을 캘린더에 추가하며, 복잡한 코드나 긴 문단을 간편하게 복사한 다음 휴대전화에 붙여 넣어 시간을 절약할 수 있습니다.

동식물 이름 찾기

친구가 기르는 식물 이름이 무엇인지, 공원에서 만난 강아지가 어떤 품종인지 알아보세요.

주변 장소 둘러보기

명소, 음식점, 매장 등의 이름을 확인하고 자세한 정보를 찾아보세요. 평점, 영업시간, 역사적 사실 등을 확인할 수도 있습니다.

마음에 드는 스타일 찾기

눈길을 끄는 옷을 찾으셨나요? 또는 우리 집 거실에 딱 어울릴 것 같은 의자를 발견하셨나요? 내가 좋아하는 스타일의 옷, 가구, 인테리어 소품을 찾아보세요.

주문할 메뉴 정하기

구글 지도의 리뷰를 바탕으로 식당의 인기 메뉴를 확인하세요.

    이렇듯 다양한 기능들이 있으니, 아직 활용해보지 않았다면 이번 기회에 꼭 설치하여 사용해보도록 하자.

〈Google Lens〉 설치방법 🔍

1 구글 플레이 스토어 접속

----

2 'Google Lens' 검색

----

3 '설치' 탭하여 설치

----

4 〈Google Lens〉 앱 실행

〈Google Lens〉 사용방법 🔍

사용법은 매우 간단하다. 〈Google Lens〉는 화면에 보이는 내용을 끊임없이 분석하여 결과를 보여주기 때문에 알고 싶은 정보가 있다면 〈Google Lens〉를 통해 인식한 후 하단의 **번역, 텍스트, 자동, 쇼핑, 음식점** 기능 중 원하는 기능을 탭하면 된다.

번역: 다양한 언어를 알고 싶은 언어로 번역할 수 있다. 번역을 탭하면 중 상단에 번역을 하려는 언어를 선택할 수 있다.

텍스트: 이미지로 되어 있는 문자를 수정 가능한 텍스트로 복사할 수 있다.

자동: 자동으로 가장 적합한 기능을 실행한다.

쇼핑: 관심 있는 상품의 구매 가능한 사이트를 찾아준다.

음식점: 음식점의 위치 및 메뉴 등 정보를 검색한다.

APPLICATION 7

이젠 외국인을 만나도 부담스럽지 않다! 번역·통역 앱

네이버 스마트보드

세상은 점점 세계화가 되어가고 있다. 국가 간의 경계였던 언어의 장벽들이 조금씩 무너지고 있는 것이다. 예전에는 외국인들과 대화를 하기 위해서는 통역사를 통하거나 자신이 해당 국가의 언어를 할 줄 알아야만 했다. 하지만 지금은 해외여행을 가도 앱이나 번역기만 있으면 쉽게 대화가 가능하다. 뿐만 아니라 상대방의 음성을 모국어로 바꿔 들려주기까지 하니 기술의 진보가 놀라울 뿐이다. 각광 받는 여러 앱들 중에서 내가 가장 소개하고 싶은 인기 앱은 〈네이버 스마트보드〉이다.

〈네이버 스마트보드〉는 채팅창에서 즉문즉답이 가능하도록 바로 번역을 진행한다. 즉 번역기 앱을 통해 번역을 한 후 다시 전달하는 방식이 아니라 내가 한국어로 채팅을 하더라도 전달 시에는 자동으로 번역이 되어 전달되는 것이다. 음성도 인식해서 곧바로 내가 설정한 언어로 변경하여 텍스트로 알려준다. 해당 국가의 언어를 모르더라도 대화가 가능한 것이다. 물론 아직 100% 정확하다고는 할 수 없지만, 그래도 서로 간에 의사소통하는 데는 무리가 없다. 앞으로는 외국인들과 마주치면 두려워하지 말고 〈네이버 스마트보드〉를 적극 활용해 대화해보도록 하자.

사용환경 안드로이드, 아이폰   **리뷰 점수** 4.0 ★

다운로드 수 1만 이상   **난이도** ★☆☆☆☆

활용도 ★★★☆☆

활용방법 문법교정, 입력과 동시에 번역, 대화 중 바로 정보 검색

- 많이 쓰는 패턴을 기억해 다음 단어를 제안하고, 입력한 글자에 따라 이모지나 교정어도 추천한다.

- 한글로 입력하면 영어, 중국어, 일본어로 바로 번역을 할 수 있다.

- 대화 중에 영화, 날씨, 음식점, 쇼핑 정보 등을 바로 검색할 수 있다.

- 카메라로 찍은 사진 위에 그림을 덧그려서 보낼 수도 있다.

〈네이버 스마트보드〉 설치방법 🔍

1 구글 플레이 스토어 또는 앱 스토어 접속

2 '네이버 스마트보드' 검색

3 '설치' 탭하여 설치

4 〈네이버 스마트보드〉 앱 실행

〈네이버 스마트보드〉 설정방법 🔍

〈네이버 스마트보드〉 앱은 실제 앱에 접속 후 사용하는 것이 아닌 설정을 해놓으면 스마트폰에서 글자를 입력할 때 자동으로 사용할 수 있다. 그러기 위해서는 2가지 기본 세팅이 필요하다.

1) 앱에 접속해서 **네이버 스마트보드 스위치를 켜주세요**를 탭한 후 **네이버 스마트보드** 영역을 활성화한다.

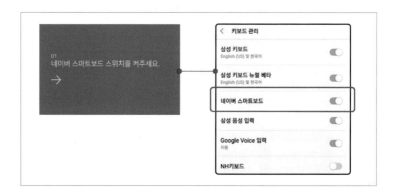

2) **다음 화면에서 네이버 스마트보드를 선택하세요**를 탭한 후 **네이버 스마트보드**를 선택한다.

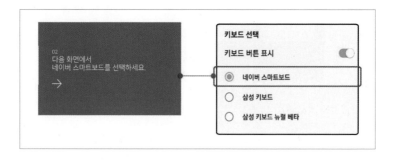

위의 2가지 작업만으로도 사용이 가능한 상태가 된다. 다만 자판도 〈네이버 스마트보드〉 기본 형태로 변경이 되기 때문에 아래 작업을 통해 내가 자주 사용하는 자판으로 다시 변경할 수 있다.

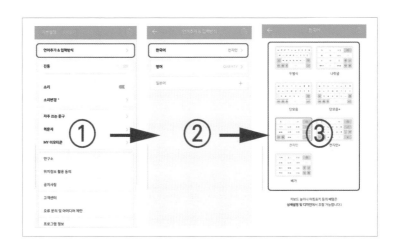

① **기본설정** 메뉴에서 최상단에 있는 **언어추가&입력방식** 탭

② **한국어/영어** 항목 중 키보드 형태를 변경하려는 항목을 탭

③ 나열된 키보드 형태 중 원하는 방식을 선택

〈네이버 스마트보드〉 사용방법 🔍

이제 모든 설정이 완료되었다. 스마트폰에서 글씨를 입력하면, 아래와 같이 본인의 선택한 키보드 형태의 자판에 〈네이버 스마트보드〉의 기능이 생긴 것을 알 수 있다. 또한 각 기능들은 최대 6개까지만 동시 활성화가 가능하다. 기능 활성화는 자판의 〈네이버 스마트보드〉 기능에서 오른쪽에 있는 + 아이콘을 탭한 후 원하는 기능들을 선택하면 된다. 검은색으로 표시되어 있는 것이 활성화되어 있는 기능이다. 각 기능들은 버튼을 누른 후 사용하면 된다. 만약 + 아이콘이 보이지 않으면, 아이콘들

이 있는 영역을 2~4초 동안 누르고 있으면 화면이 나타난다.

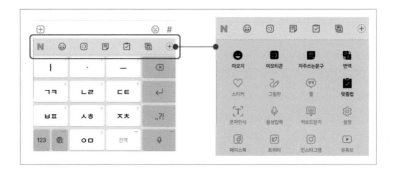

메신저에서 네이버 검색 기능 활용

〈네이버 스마트보드〉 활성화 영역의 N을 탭하면, 채팅창에서도 바로 네이버의 검색 기능을 사용할 수 있다. 이전에는 채팅으로 대화 도중 정

보를 검색하기 위해 네이버를 실행시킨 후 검색을 해야만 하는 번거로움이 있었다. 그런데 〈네이버 스마트보드〉는 이러한 번거로움 없이 바로 네이버 검색을 가능하도록 제공하고 있다. N 아이콘을 탭한 후 검색을 하면 검색어에 따라 네이버쇼핑, 블로그 등 최적의 영역을 보여준다. 이를 탭하여 공유도 가능하며 **더보기**를 통해 네이버로 바로 접속도 가능하니 자주 활용해보도록 하자.

직독직해 번역 활용방법

번역 아이콘을 탭한 후, 한글로 작성하면 그림과 같이 바로 번역이 진행된다. 번역하려는 언어설정은 글자 입력란의 ⇌ 아이콘을 탭하면 변경할 수 있다.

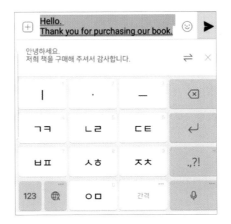

맞춤법 확인하기

아이콘을 탭한 후 원하는 문장을 작성하면, 해당 문장에서 잘못된

부분을 수정하여 보여준다. 수정된 문장을 확인 한 후 우측 하단의 ✓ 아이콘을 탭하면 수정된 문장으로 바로 전송이 가능하다.

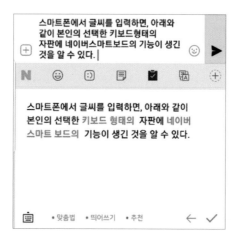

이 외에도 음성입력을 통해 음성을 문자로 변경도 가능하며, 문자인식 기능을 통해 그림에 있는 문자들도 바로 텍스트화가 가능하다. 이렇듯 다양한 기능들이 많으니 하나하나 사용해가며 나에게 필요한 기능들을 익혀보도록 하자.

APPLICATION 8

안전한 스팸차단 앱

후스콜

스마트폰이 대중화되면서 요즘엔 누구나 1인 1대의 스마트폰을 사용하고 개인 전화번호를 가지고 있다. 그렇다 보니 신청서를 쓰거나 신분증명을 할 때 등 다양한 상황에서 전화번호가 쉽게 노출된다. 아마 다들 금융사에서 대출전화 한 번쯤은 받아보았을 것이다. 특히 자영업이나 사업을 하는 경우에는 광고회사, 금융사 등 정말 많은 전화가 걸려올 수밖에 없다. 그렇다고 안 받을 수도 없다. 거래처나 신규고객일 수도 있기 때문이다.

이럴 때 전화번호를 자동으로 필터링해주는 앱이 바로 〈후스콜〉이다. 〈후스콜〉은 전 세계 10억 건의 전화번호 DB를 기반으로 걸려오는 전화가 어디서 걸려오는 전화인지 쉽게 확인할 수 있다. 전화 업무가 많거나 모르는 번호로 오는 전화를 받기 두렵다면 〈후스콜〉을 설치해보자.

후스콜   🔍

사용환경 안드로이드, 아이폰   **리뷰 점수** 4.3★

다운로드 수 1,000만 이상   **난이도** ★☆☆☆☆

활용도 ★★★★☆

<후스콜> 활용방법   🔍

발신 전화번호 정보 즉시 확인

모르는 번호로 전화가 오는 즉시 누군지 알려준다. 상호, 업종 등 기본 정보부터 택배, 대리운전 전화까지 다양한 종류의 상세한 전화번호 정보를 신속하게 제공한다.

악성스팸, 보이스피싱 즉시 차단

수신 화면에서 버튼 하나로 간편하게 차단할 수 있다. 스팸/보이스피싱 번호로 전화가 걸려오는 즉시 실시간으로 식별 정보를 제공, 받기 전에 바로 차단한다.

해외 전화번호까지 완벽 식별

전 세계 10억 건의 전화번호 정보를 기반으로 국가, 도시 등 기본적인 전화번호 정보부터 해외 악성 보이스피싱까지 빠짐없이 번호를 식별한다.

스팸/스미싱 문자 차단

문자로 발생하는 사기피해를 사전 예방할 수 있다. 네이버 백신의 안티 스미싱 기능을 활용하여 수신된 문자메시지에 포함된 URL의 위험여부를 바로 탐지하고 사용자에게 알려준다.

7천만 이용자와의 정보 공유

전 세계 7천만 명의 사용자와 스팸, 태그 정보를 공유한다. 최신 전화번호 정보는 물론, 다른 사용자들이 등록한 번호 정보와 함께 확인할 수 있어 더욱 다양하고 확실한 정보를 제공한다.

〈후스콜〉 설치방법 🔍

1 구글 플레이 스토어 또는 앱 스토어 접속

2 '후스콜' 검색

3 '설치' 탭하여 설치

4 〈후스콜〉 앱 실행

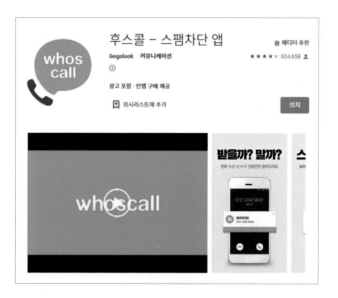

〈후스콜〉 사용방법   🔍

〈후스콜〉 앱에 접속하면, 본인인증과 권한허용을 요청하는 알림창이 뜬다. 구글 및 페이스북 계정이 있다면 이를 통해 인증을 하고, 권한허용

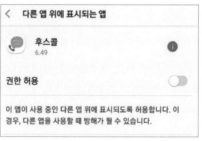

은 승인해주면 된다.

이렇게 접속을 하고 나면, 상단에 **설정이 완료되지 않았습니다**라는 문구가 나온다. 이를 탭하면 좀 더 세부적인 권한들을 승인 요청하는 메시지를 볼 수 있다. 내용을 읽어보고 필요한 부분만 '허가'해주면 된다. 가능하다면 모든 기능을 활성화시켜주는 것을 추천한다.

APPLICATION 9

언제 어디서나 가장 편리한 주차장 이용

모두의주차장

〈모두의주차장〉은 서울, 경기도 및 6대 광역시(부산, 대구, 인천, 대전, 울산, 광주) 공영, 민영, 부설 주차장 정보를 제공해주고 있다. 때문에 내가 방문할 지역 위치만 입력하면 그 근처의 주차장과 주차요금까지 쉽게 알 수 있으며 앱에서 바로 결제도 가능하다. 뿐만 아니라 3시간권, 24시간

권, 월주차권 등 다양한 주차권을 평균 60% 할인된 가격으로 제공하기 때문에 직접 유료 주차장 방문하여 주차하는 것보다 저렴하게 이용할 수 있으니 수도권 중심으로 출장 및 이동이 많은 경우에는 정말 유용하게 활용이 가능할 것이다.

사용환경 안드로이드, 아이폰	**리뷰 점수** 4.0 ★
다운로드 수 1만 이상	**난이도** ★☆☆☆☆
활용도 ★★★☆☆	**활용방법** 주변 주차장 검색 및 공유, 요금 확인, 결제 가능

<모두의주차장> 설치방법   🔍

1 구글 플레이 스토어 또는 앱 스토어 접속

2 '모두의주차장' 검색

3 '설치' 탭하여 설치

4 〈모두의주차장〉 앱 실행

〈모두의주차장〉 사용방법 🔍

①상단에 검색란에 방문하려는 주소를 입력하면 해당 주소를 기준으로 근방의 주차장을 확인할 수 있다. 만약 근처 주차장이 검색되지 않는다면, 지도를 손가락을 좁히면 좀 더 넓은 범위까지 검색이 가능하다.

②위의 이미지에서 좌측 상단에 주차하려는 예상시간을 선택하면, 해당 시간 기준으로 주차장 요금을 바로 보여준다. 여기에서 검은색으로 표시되는 주차장은 현재 이용이 불가능한 주차장이며, 흰 바탕으로

표시된 주차장만 현재 이용 가능한 주차장이다.

③ 참고로 모든 주차장이 앱에서 결제되는 것은 아니다. 앱에서 결제되는 주차장만 확인하려면 우측 상단 ≋ **설정** 아이콘을 탭하여 제휴 영역에 체크를 하면 앱에서 바로 결제가 가능한 제휴 업체만 확인할 수 있다.

④ 결제를 원하거나 정보를 더 알고 싶은 주차장은 지도에서 탭하면 해당 주차장의 이름이 나타나며 여기에서 주차요금을 바로 결제하거나 주차장 이름 옆의 〉아이콘을 탭하면 해당 주차장의 상세정보를 확인할 수 있다.

PART 4

이 앱만 깔면
나도 마케팅 전문가!

마케터들은 블로그, 페이스북, 인스타그램 어떻게 활용할까?

최근 온라인 마케팅을 생각하면, 네이버, 페이스북, 인스타그램 이 3가지를 무조건 우선순위로 볼 수밖에 없다. 왜일까? 현재 대한민국에서 가장 많은 사용자들을 보유하고 있고, 또 가장 많이 사용하는 플랫폼이기 때문이다.

대부분의 사업자들은 '나는 마케팅이 너무 어려워'라고 생각하며, 대행업체에 위탁하기에 바쁘다. 물론 전문 업체에 맡기는 것이 나쁘다는 이야기는 아니다. 하지만 최소한 내가 블로그, 페이스북, 인스타그램 등이 어떻게 돌아가는지는 알아야 전문 업체에 맡기더라도 그것이 잘 진행되었는지 아닌지를 알 수 있지 않겠는가? 중요한 건 사실상 대행업체들도 지금부터 내가 알려주는 앱들을 활용하고 있다는 것이다.

지금부터 알려줄 내용은 대행업체를 통하지 않고도 누구나 쉽게 해볼 수 있는 것이다. 물론 마케터나 창업자들에게만 쓸모가 있는 건 아니다. 온라인 비즈니스에 관심이 있거나 인플루언서 영역이나 1인 창업, 취업을 위해 온라인 마케팅에 대해 공부가 필요한 사람들, 또는 그것과 관계가 없더라도 알아두면 분명 도움이 될 것이다. 우리는 '온라인 라이프'가 선택이 아닌 필수인 세상에 살고 있기 때문이다.

혹시 최근에 길거리에서 전단지를 보고 음식점을 찾아간 적이 있는가? 아마 없을 것이다. 대부분 전단지가 아닌 인터넷을 통해 정보를 검색하고 음식점을 찾아가기 때문이다. 뿐만 아니라 최근에 필요한 상품들을 오프라인 매장에 가서 구매한 적이 얼마나 있는가? 정보가 크게 필요하지 않은 상품이 아니라면 아마 대부분 온라인을 통해 정보를 검색하고 온라인에서 구매를 했을 것이다.

강의를 가면 "온라인을 꼭 해야 되나요?"라는 질문을 종종 받는다. 온라인 마케팅 강의 중에도 나오는 얘기다. 나는 그들에게 어떻게 대답했을까? 간단하다. 위에 한 질문들을 다시 언급해보겠다.

여러분이 만약 부산에서 가서 맛있는 음식점을 찾아야 하는데, 부산에 아는 지인이 없다면 어디서 정보를 검색하겠는가? 이미 답은 나와 있다. 사람들은 이미 온라인을 당연하게 사용하면서도 왜 온라인을 알아야 하는지 이유를 찾는다. 이부터가 모순이다. 오늘날 누구나 온라인을 통해 대부분의 정보 검색과 습득하고 있는 상황에서 온라인에 대해 아는 것은 지금보다 더 나은 삶을 살기 위한 전제인 동시에 필수사항이기 때문이다.

그렇기에 지금부터 소개할 앱들은 우리가 흔히 이용하고 있는 블로그, 페이스북, 인스타그램 등 다양한 온라인 플랫폼들이 어떻게 돌아가는지를 알 수 있게 만들어줄 것이고, 더 나아가 잘 활용할 수 있게 도와줄 것이다.

APPLICATION 1

네이버에서 검색은 어떻게 이루어질까?

키워드 매니저

이 책을 읽는 독자들 중 '네이버'가 뭔지 모르는 사람은 없을 것이다. 대한민국에서 온라인 검색 문화가 일상으로 자리 잡으면서 그 중심을 점하고 있는 것이 바로 포털사이트 네이버이기 때문이다. 그런데 최근 컨설팅을 하다 보면 종종 이런 질문을 받는다. "이제 페이스북이나 인스타그램에 밀려 네이버는 검색 안 하지 않나요?" 아닌 게 아니라 몇 년 전까지만 해도 페이스북이나 유튜브가 급성장하면서 이제는 네이버에서 검색을 하지 않을 것이라는 기사나 전문가들의 의견도 많이 나왔다.

그러나 지금 어떠한가? 네이버 검색 이용률은 오히려 높아졌다. 다만 검색의 이유가 바뀌었을 뿐이다. 이전에는 모든 정보의 검색 및 습득을 네이버 하나로만 해결했다면, 이제는 SNS 등의 플랫폼에서 얻은 정보를 네이버를 통해서 검증하는 것이다. 예를 들어 A라는 상품을 페이스북에서 보고 관심이 생겼다면, 정말 믿을 만한 제품인지를 네이버 검색을 통해 한 번 더 검증한다는 이야기이다. 때문에 온라인 마케팅에서 네이버는 선택이 아닌 필수적인 영역이며, 놓쳐서는 안 될 플랫폼임을 명심하자.

네이버 마케팅을 할 때 가장 중요한건 무엇일까? 바로 실제 사람들이 검색하는 검색어에 내 상품이 노출되는 것이다. 제품이 아무리 우수하거나 혁신적이어도 검색이 되지 않으면 이 세상에 존재하지 않는 것과 같다. 때문에 온라인에서 가장 중요한 건 '키워드'와 '상위노출'이다. 그러면 온라인에서 우리가 흔히 검색하는 단어들(예: 홍대맛집)은 어떤 과정을 거쳐 검색자에게 나타나는 것일까?

기본적으로 온라인에서의 정보 검색은 제목에 그 단어가 들어가 있어야 검색 로직에 의해 필터링된다. 즉 '홍대맛집'이라고 누군가 검색했을 때 내 블로그가 검색되고 싶다면 제목에 '홍대맛집'이 들어가 있어야 한다는 것이다. 그런데도 대부분의 마케팅 초보들은 제목에서 키워드가 추출되는 것을 모르기 때문에 제목을 본인들 하고 싶은 대로 작성한다. 또는 고객들이 검색하는 단어(키워드)가 아닌 내 머릿속에 있는 단어(키워드)를 사용하기도 한다. 때문에 아무리 열심히 네이버에 블로그를 작성한들 별 효과가 없는 것이다.

이제 우리는 2가지를 알게 되었다. 온라인 마케팅을 하려면 내가 검색되고자 하는 키워드가 제목에 들어가 있어야 하며, 이 키워드는 내가 사용하고 싶은 단어가 아닌 실제 다른 잠재고객들이 검색하는 단어여야 한다는 것을 말이다. 그렇다면 간단하게 실제 내가 사용하고 싶은 키워드가 네이버에서 얼마나 많이 검색되고 있는지, 이와 관련된 파생 키워드는 어떤 것들이 있는지 알려주는 앱이 있다면 도움이 될 것이다. 〈키워드 매니저〉가 바로 그 앱이다.

사용환경 안드로이드	**리뷰 점수** 4.4★
다운로드 수 1만 이상	**난이도** ★☆☆☆☆
활용도 ★★★★★	**활용방법** 네이버 및 다음에서의 실제 키워드 검색량 조회

⟨키워드 매니저⟩ 설치방법   🔍

1 구글 플레이 스토어 접속

2 '키워드 매니저' 검색

3 '설치' 탭하여 설치

4 ⟨키워드 매니저⟩ 앱 실행

⟨키워드 매니저⟩ 사용방법   🔍

⟨키워드 매니저⟩ 실행 후 내가 검색하고 싶은 단어(키워드)를 입력한 후 **돋보기** 모양을 탭하면 검색결과를 바로 확인할 수 있다. 그러면 '홍대맛집'으로 검색을 해보자. 그림을 보면 PC와 모바일에서 '홍대맛집'이 얼마나 조회되는지 바로 알 수 있다. 또한 PC 검색결과와 모바일 검색결과를 따로 알려주기 때문에 내가 사용하려는 키워드가 어떤 기기에서 더 많이 검색되는지도 쉽게 알 수 있다. 조회 결과는 월간 조회 수이다.

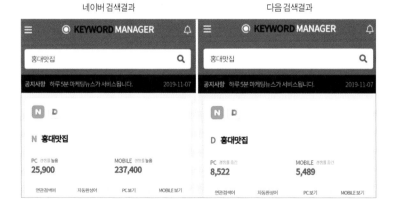

네이버 검색결과   다음 검색결과

역시 다음보다 네이버에서 월등히 많은 검색이 이루어지고 있음을 확인할 수 있다. 이런 방식으로 내가 사용하려는 키워드가 실제 고객들이 사용하는 키워드인지 아닌지, 그리고 얼마나 많이 검색하는지를 간단히 알 수 있는 것이다.

<키워드 매니저> 활용방법 🔍

만약 당신이 케이크 매장을 운영하고 있고, 케이크에 적합한 키워드를 찾는다면 우리는 '연관검색어'와 '자동완성어'를 활용해 미처 생각지도 못한 키워드도 찾아낼 수 있다.

연관검색어

연관검색어는 내가 입력한 키워드를 검색한 사용자가 같이 검색한 키워드이다. 내가 케이크를 검색하고, 그다음으로 주문제작케이크를 많이 검색했다면, '주문제작케이크'가 '케이크'의 연관검색어로 설정되는 것이다. 즉 연관검색어는 실제 검색자들이 케이크란 키워드를 검색하는 이유를 엿볼 수 있는 실제 고객의 정보가 반영된 키워드인 것이다. 가령 내가 A케이크점을 운영한다고 가정했을 때, 사람들이 케이크를 검색하고 나의 A케이크점을 함께 많이 검색한다면, 케이크의 연관검색어로 나의 매장인 A케이크점이 검색결과로 뜨는 것이다.

자동완성어

자동완성어는 언뜻 연관검색어와 비슷하면서 다른 정보이다. 우리가 케이크를 입력하면, 케이크가 들어간 단어 중 실제 사람들이 많이 사용하는 완성된 단어를 보여준다. 연관검색어는 케이크를 검색하고 함께 많이 검색한 단어이고, 자동완성어는 케이크가 들어간 단어 중 사람들이 많이 검색하는 완성형 키워드인 것이다. 때문에 연관검색어와 자동완성어는 실제 케이크에 대한 검색 이유를 알 수 있는 키워드라고 볼 수 있다. 즉 우리가 네이버 블로그를 할 때 가장 주의 깊게 살펴봐야 하는 키워드이며, 활용 가능한 키워드는 적극적으로 활용하는 것이 좋다.

마케터가 알려주는 키워드 활용 꿀팁

다음 질문을 보면서, 내가 홍보를 한다면 어떻게 할 것인지 한번 생각해보자.

질문: 당신이 제과점을 운영하는데, 케이크로 네이버에서 홍보하려고 한다. '케이크' '케 '케익' 이중 어떤 키워드를 사용하겠는가?

아마 〈키워드 매니저〉를 몰랐다면, 이 책을 읽는 많은 독자들이 위 3가지 키워드 중에 자신이 가장 많이 사용하는 키워드를 무심코 선택했을 것이다. 하지만 이제는 나라는 개인이 선호하는 키워드가 아닌 빅데이터를 통해 확인된 키워드로 접근할 수 있게 되었다. '케이크' '케잌' '케익'을 검색해보면, 실제로 많은 사람들이 '케이크'를 검색어로 가장 많이 사용한다는 것을 알 수 있다. 그렇다면 이제는 다들 '케이크'를 키워드로 등록해야겠다고 생각할 것이다.

그런데 여기에 함정이 있다. 아직 당신의 블로그가 자리를 잡지 못했다면, '케이크'보다는 '케익, 케잌'을 먼저 사용하는 게 좋다. 간단하게 말해서 빅데이터로 입증된 대표 키워드인 '케이크'를 사용하면 누구나 다 그것을 사용하기 때문에 엄청난 경쟁을 피할 수 없다. 상위 노출 자리는 얼마 안 되는데 말이다. 하지만 '케익'이나 '케잌'을 선택한다면 당연히 '케이크'보다는 경쟁이 훨씬 덜 치열할 것이다. 즉 내 글이 상위 노출될 확률이 훨씬 높아지는 것이다.

'케익'과 '케잌'이 '케이크'보다 조회 수가 낮긴 하지만, 월 1만 건 이상의 충분한 검색량을 가지고 있다. '케익'이나 '케잌'의 조회 수가 너무 낮다면 '케이크'를 사용해야겠지만 어느 정도 조회 수가 나온다면, 처음부터 메인 키워드를 활용하기보단 다른 키워드를 활용함으로써 경쟁자를 줄이는 것이 효율적이고 추천할 만한 방법이다. 즉 여기서 말하는 포인트는 전략적으로 키워드를 활용해야 한다는 점이다. 잊지 말도록 하자.

TIP PC에서 각 키워드를 검색한 후 블로그 탭을 보면 해당 키워드로 작성된 총 포스팅 수를 쉽게 알 수 있다. 만약 조회 수는 높은데 포스팅 수가 적다면, 그 자체로 가장 좋은 키워드가 된다.

APPLICATION 2

나의 블로그 포스팅 잘 노출되고 있을까?

블로그 모니터

네이버 마케팅에서 가중 중요한 것은 '키워드'와 '상위노출'이라고 말했다. 상위노출을 간단하게 설명하자면 '잠재고객이 검색을 통해 얻은 결과에 내 정보가 우선적으로 반영되는 것'이다. 블로그를 제아무리 열심히 운영해도 잠재고객의 검색결과에서 최소한 1~2 페이지 안에 들어 있지 못하다면 잠재고객이 실제고객이 될 확률은 거의 없다고 보면 된다. 예를 들어 'SNS 마케팅 홍보'를 위해 정보를 찾는 사람이 있다면, 그 사람은 분명 네이버에서 'SNS 마케팅 홍보'라고 검색을 할 것이다.

NAVER | sns마케팅 홍보 | ▼ | Q

그렇다면, 내가 작성한 글이 최소한 1~2페이지 안에는 검색이 되어야 고객의 선택을 받을 수 있는 확률이 생기는 것이다.

다음 그림은 실제로 네이버에서 'SNS 마케팅 홍보'라고 검색했을 때의 검색결과 화면이다. 여기에서 내가 작성한 포스팅은 네 번째 위치에 노출되어 있다. 즉 나의 잠재고객이 SNS 마케팅이 필요해서 'SNS 마케팅 홍보'라고 검색했다면 나의 정보를 보고 나를 선택할 가능성이 높은 것이다.

그러므로 우리는 블로그를 작성하고 다 됐다, 만족할 게 아니라, 내가 작성한 블로그 포스팅이 매 키워드의 몇 번째쯤에 노출되는지 꾸준

는 또 다른 이유가 있다. 만약 우리가 'SNS 마케팅 홍보'와 'SNS 마케팅 교육'이라는 두 가지 키워드를 사용했다고 했을 때, 'SNS 마케팅 홍보'에서는 상위에 잘 노출되고 있지만, 'SNS 마케팅 교육'에서는 노출이 되지 않거나 또는 한참 뒤에 노출이 된다면, 우리는 'SNS 마케팅 홍보' 키워드로 포스팅을 또 작성하는 것보다 'SNS 마케팅 교육'이라는 키워드를 다시 작성해서 상위에 노출되는 것이 훨씬 효과적일 것이다. 그래야 고객이 어떤 키워드로 검색을 하든 나를 선택할 확률의 수가 높아지기 때문이다.

내가 작성한 블로그 포스트의 노출 현황을 확인하고 분석해보고 싶다면, 아래에 소개할 네이버 마케팅 추천 앱들을 눈여겨보기 바란다.

사용환경 안드로이드	**리뷰 점수** 4.3 ★
다운로드 수 5만 이상	**난이도** ★☆☆☆☆
활용도 ★★★★★	**활용방법** 네이버 블로그의 키워드별 노출 순위 조회

<블로그 모니터> 설치방법 🔍

1 구글 플레이 스토어 접속

2 '블로그 모니터' 검색

3 '설치' 탭하여 설치

4 〈블로그 모니터〉 앱 실행

<블로그 모니터> 사용방법 🔍

1) 〈블로그 모니터〉를 실행시킨 후, 그림과 같이 자신의 블로그 주소를 입력하는 화면이 나오면 자신의 블로그 주소를 입력한다. 잘 모르겠

다면 확인하려는 블로그의 네이버 ID를 입력하거나, 자신의 블로그 접속 후 http://blog.naver.com/을 제외한 뒷부분을 그대로 입력하면 된다.

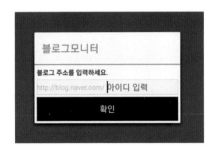

2) 블로그 정보 입력이 완료되었으면, 메인 화면 하단의 ① **키워드 추가**를 탭하여 블로그 순위가 궁금한 키워드를 ②**번 항목에 입력**한 후 ③ **우측의 돋보기 아이콘**을 누른다. 그러면 자신이 입력한 키워드가 본문에 삽입이 된다. 삽입된 키워드 옆 ④ **체크박스에 체크** 후 하단의 ⑤ **추가하기**

버튼을 탭하면 내 블로그 순위를 보기 위한 모든 작업은 끝났다.

3) 노출 검색순위 확인방법으로 API 방식과 적접검색 방식 두 가지를 제안한다. API 방식은 속도는 빠르지만, 실제 네이버 검색결과와 API의 검색결과가 다를 수 있음을 당부하고 있다. 직접검색 방식은 정확도가 높지만, 속도가 느리며 자주 사용하면 어뷰징의 우려가 있다고 한다. 어뷰징이 있을 수 있는 직접검색 방식은 너무 자주 사용하지 않기를 바란다.

먼저 테스트를 해보면 두 검색결과 모두 거의 정확하게 확인되는 것을 알 수 있다. 다만 API 방식은 내 블로그 포스팅이 뒤에 있을수록 정확도가 낮아질 수 있다. 실제 'SNS마케팅홍보' 테스트를 한 결과 두 방식 모두 네이버에서는 정확한 순위를 알려주었다. 하지만 API 방식은 다음에서의 순위까지는 확인을 하지 못한다. 반면 직접검색 방식은 다음에서 정확한 순위도 확인할 수 있었다. 검색을 자주 하는 경우에는 직접검색 방식보다는 API 방식을 추천한다.

API 방식 조회 결과

직접검색 방식 조회 결과

또한 한 번에 여러 개의 키워드를 검색할 수 있다. 방식은 동일하며, 검색하고 싶은 키워드를 전부 추가한 후 **추가하기** 버튼을 누르면 입력한 키워드의 모든 순위를 알 수 있다.

〈블로그 모니터〉 활용방법 🔍

'나는야 맛집 블로거!' '나는야 상품리뷰 블로거!' 블로그 모니터 **체험단**

카테고리에서는 다양한 체험단을 매일 매일 확인할 수 있다. 어떻게 해야 하는지 몰라서 아직도 다양한 체험단의 기회를 못 누려보았다면, 이제부터 체험단이 어떻게 돌아가는지 체험해보자. 체험단을 통해 추후내가 마케팅을 할 때 어떻게 해야 할지를 미리 경험해볼 수 있다는 점에서 매우 유용하다.

갓 시작한 블로그에는 아무도 반응해주지 않는다. 반응이 없으면 본인도 신이 나지 않을 터, 그럴 때 블로그 서로이웃추가(서이추)를 하고 블로그에 활기를 불어넣어보자. 블로그 모니터 **알리기** 카테고리에서 자신의 블로그를 홍보할 수 있다.

원래의 취지는 자신의 블로그가 어떤 블로그인지 알리면서, 서로 관심 있는 사람들끼리 정보를 공유하거나 이웃추가를 하는 것이었겠지만,

지금은 품앗이(서로 이웃추가를 하고 좋아요를 눌러주는 행위) 방으로 활용되고 있다. 아직 블로그가 완벽하게 활성화되지 않았다면, 품앗이를 통해서라도 블로그의 방문자와 '좋아요'를 늘려주는 것만으로도 블로그 운영에 분명 도움이 될 것이다.

TIP 당신이 만약 스마트스토어를 운영하고 있다면? 스마트스토어의 순위를 알려주는 〈스마트스토어 쇼핑몰 키워드 순위〉라는 앱을 활용해보라.

APPLICATION 3

해시태그만 잘 사용해도 홍보가 된다

태그야놀자

네이버 마케팅에서 키워드가 잠재고객이 나를 찾는 수단이라면, 인스타그램에서는 해시태그(#)가 그 수단이다. 해시태그는 간단하게 SNS에서 사용되는 키워드로 특수문자인 '#'와 키워드의 조합이라고 보면 된다. #홍대맛집, #SNS홍보마케팅, #인스타그램좋아요늘리기 등과 같이 '#키워드'를 작성하되, 띄어쓰기 없이 작성하면 된다.

해시태그가 중요한 이유는 단순히 SNS에서만 사용되는 것이 아니라 네이버 블로그, 네이버 포스트, 유튜브, 옥션, 지마켓, 스마트스토어 등 온라인의 대부분의 플랫폼들이 이제는 해시태그를 입력하도록 변화되고 있기 때문이다. 즉 앞으로는 온라인에서 이루어지는 대부분의 검색이 해시태그를 통해 검색이 될 것이라는 이야기이다.

그렇게 볼 때 지금 우리는 엄청난 기회 앞에 있다. 왜냐하면 향후 더욱 영향력 있어질 해시태그가 아직 플랫폼에 완전히 자리 잡지 못했기 때문이다. 현재 해시태그를 등록할 때 평균 10개 이상의 해시태그를 입력하도록 권하고 있다는 사실만 봐도 현실을 짐작할 수 있다.

그렇다면 온라인 플랫폼들이 10개 이상의 키워드를 쓰는 것을 추천하는가? 아니다. 오히려 너무 많은 키워드를 사용하면, 좋지 않은 평가를 받는다. 이미 너무 많은 정보들이 올라와 있기 때문에, 이제는 양보다 질이 중요해져 정확한 키워드만을 사용하기를 권장하는 것이다. 반면, 아직 해시태그는 생각보다 많은 정보들이 쌓이지 않았다. 이것을 옥션, 지마켓, 블로그 등과 같은 다양한 플랫폼의 변화 과정에 빗대어 생각해 보자.

이들 모두 초기에는 상품의 수나 정보의 수를 늘리기 위해 상품 대량등록을 가능하도록 판매자에게 대량등록 소스코드 정보를 제공하거나 많은 키워드를 사용하는 것에 아무런 제약을 하지 않았다. 하지만 이미 상품이나 정보가 충분히 누적이 되자, 대량등록 및 무분별한 키워드 사용으로 발생하는 허위 키워드나 상품 정보가 정확하지 않아 주문 시 발생하는 주문취소와 키워드와 정보의 일치성이 떨어져 발생하는 불만과 높은 이탈율로 인해 바로 대량등록 및 무분별한 키워드의 사용을 막아버리곤 한다. 요는 해시태그도 동일하다는 것이다.

지금은 해시태그를 통해 검색되는 정보는 생각보다 다양하지 않기 때문에, 되도록 많은 해시태그를 사용하도록 유도해서 해시태그를 통해 검색 시 어떤 해시태그라도 충분한 정보들이 검색되도록 만들고 있는 것이다. 그렇다면 앞으로 몇 년 뒤 해시태그가 대부분의 정보에 검색이 된다면, 그때도 지금처럼 많은 해시태그를 사용하게 할까?

물론 그럴 수도 있지만 이제까지의 앞의 다양한 온라인 플랫폼들의 성장과정을 되짚어보면, 해시태그 또한 점차 최대 사용 해시태그 수를 줄일 것이라는 추측이 가능하다. 때문에 우리는 지금 아무런 제약이 없을 때 최대한 많은 해시태그를 통해 나의 정보를 곳곳에 깔아놓아야 자리가 잡았을 때 후기 진출자보다 조금은 앞에서 시작할 수 있게 되는 것이다.

이번 장에서는 앱을 통해 실제 사용자들이 어떤 해시태그를 많이 사용하고 어떤 해시태그에 관심을 가지고 있는지, 그리고 이것을 통해 내가 어떤 해시태그를 사용해야 하는지 알려주는 앱인 〈태그야놀자〉에 대해서 소개하려고 한다.

사용환경 안드로이드   **리뷰 점수** 3.9 ★

다운로드 수 5만 이상   **난이도** ★☆☆☆☆

활용도 ★★★★☆   **활용방법** 카테고리별, 상황별 인기 해시태그 분석 및 사용,

자주 사용하는 해시태그 목록 만들기

⟨태그야놀자⟩ 설치방법   🔍

1 구글 플레이 스토어 또는 앱 스토어 접속

2 '태그야놀자' 검색

3 '설치' 탭하여 설치

4 ⟨태그야놀자⟩ 앱 실행

⟨태그야놀자⟩ 사용방법   🔍

⟨태그야놀자⟩ 앱에 접속하면, **인기태그, 최근사용, 내 태그** 총 3개의 큰 카테고리를 볼 수 있다. 그러면 각 카테고리별로 어떻게 활용해야 하는지 알아보자.

인기태그 카테고리

인기태그는 해당 월을 기준으로 많이 사용되고 있거나 많이 사용될만 한 해시태그를 추천해준다. 그중 맨 위에 보여주는 추천태그는 장기적 인 목표를 가지고 사용하는 해시태그가 아닌 지금 시즌에만 효과를 보 일 수 있는 해시태그이기 때문에 '추천태그'에서 나와 관련성이 있는 해 시태그가 있다면 적극 활용해주는 것이 좋다.

11월 추천태그에는 #빼빼로데이라는 해시태그가 있다. 만약 내가 이 때를 대비해서 상품을 판매하고 있다면, #빼빼로데이선물 #빼빼로데이선

물추천 등으로 해시태그를 사용할 수도 있을 것이다. 또는 의류사업을 하고 있다고 가정해보면, **#겨울패션 #겨울여행 #겨울날씨 #겨울맞이 #월동준비 #빼빼로로데이** 등 대부분의 해시태그를 사용해도 큰 무리가 없을 것이다. 겨울여행을 가기 전 옷을 구매하려고 할 수도 있고, 날씨가 추워지니 월동준비를 위해 옷을 구매하려고 할 수도 있기 때문이다. 이렇듯 해시태그는 나와 관련성이 높은 해시태그도 중요하지만 나와 관계를 엮을 수 있는 해시태그들도 같이 많이 사용해주는 게 좋다.

이렇게 추천태그를 통해 1차 목표 해시태그를 정하고 나면, 이제는 카테고리별로 실제 사용자들이 많이 검색하고 올리는 해시태그 정보를 통해 2차 목표 해시태그를 찾을 수 있다.

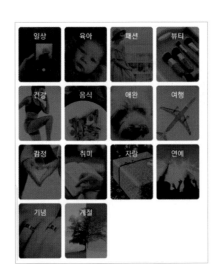

이중 나와 관련성이 있는 카테고리를 탭해보면, 해당 카테고리에서

실제 많이 사용되고 있는 해시태그를 분류별로 정리해서 보여주고 있다. 만약 내가 아이와 관련된 정보를 사용하고 싶다면 **육아** 카테고리를 탭하면 된다.

육아 카테고리를 탭하면, 이 안에서도 **아이, 딸, 아들** 별로 소카테고리를 구분하여 해시태그를 보여준다. 이중에서 내가 사용하고 싶은 해시태그를 탭하여, 사용해도 되지만 전체선택을 통해 편리하게 모든 해시태그를 복사할 수도 있다.

아래 이미지에서 볼 수 있듯 우측 상단의 **복사**를 탭하면, 내가 선택한 모든 해시태그가 복사가 된 것이다. 이제 우리가 해시태그를 사용한 인스타그램에 접속하여, 복사한 해시태그를 붙여넣기만 하면 된다.

최근사용 및 내태그 카테고리

최근사용 카테고리는 최근에 내가 사용했던 해시태그를 정리해서 보여준다. 때문에 내가 어떤 해시태그를 사용했는지 쉽게 알 수 있다 또한 이 안에서도 내가 사용하고 싶은 해시태그를 선택하여 다시 사용할 수 있다.

내태그 카테고리는 내가 자주 사용하는 해시태그를 직접 기록해놓는 공간이다. 매번 해시태그를 찾거나 작성할 필요 없이 여기에 입력해놓으면 언제든 바로 **복사**나 **붙여넣기**를 할 수 있다. 또한 다양한 분류 목록을 만들어 관리도 가능하다. 만약 내가 의류와 음식점을 한다고 한다면, 의류에 관련된 해시태그 모음, 음식점에 관련된 해시태그 모음 등 다양하게 만들 수 있다는 것이다. 뭐 필요한 건 그때그때 직접 입력하지, 라고 생각할 수도 있지만, 생각보다 중요한 해시태그를 빼먹는 일이 많기

때문에 이 공간을 적극 활용하기를 권한다. 내가 주기적으로 사용하는 해시태그 목록이 있다면, 이곳에 저장해두면 실수로 인해 중요한 해시태그를 빼먹는 실수를 면할 수 있을 것이다.

APPLICATION 3

나도 인스타그램 인플루언서! 1만 팔로워 만들기

라이크리

네이버 마케팅에서 가장 중요한 것은 '키워드'와 '상위노출'이라고 했다. 그러면 SNS에서 가장 중요한 것은 무엇일까? 바로 나의 소식을 받아보는 '팔로워'와 사람들의 반응이다. 보통 우리는 어떤 목적을 가지고 네이버 검색을 한다. 내가 부산에 놀러가 맛있는 음식을 먹고 싶다면, '부산 맛집'이라고 검색할 것이다. 하지만 내가 부산에 갈 목적이 없다면, 부산 맛집이라고 검색할 이유가 있을까? 아마 검색을 하지 않을 것이다. 네이버에서는 내가 필요에 의해서 정보를 검색했을 때만 정보를 얻게 된다는 것이다.

하지만 SNS는 어떤가? 내가 원하는 정보가 아니라도 나에게 도달된다. 광고를 제외하면 단순히 나와 관계를 맺고 있는 팔로워들이 올리거나 공유한 게시물이 내가 원하든 원치 않든 나에게 정보가 도달된다는 것이다. 이것이 SNS의 가장 강력한 힘인 '도달률 기반'이다. 때문에 SNS

는 나와 관계를 맺고 있는 팔로워가 많을수록 큰 힘을 발휘하기 때문에 다들 팔로워를 늘리는 데에 많은 시간과 노력을 기울인다. 그러면 반응(좋아요, 댓글, 공유 등)은 왜 중요할까? SNS에도 네이버와 같이 다양한 상위노출 로직이 존재한다.

첫 번째는 내가 좋아요를 누르거나 댓글 또는 공유를 자주하는 게시물 즉 관심도가 높은 팔로워의 정보를 우선적으로 보여준다는 것이다. 때문에 우리는 SNS를 하다 보면, 비슷한 팔로워의 정보가 자주 올라오는 것을 알 수 있다. 그들이 게시물을 많이 올리는 것이 아니라 우리가 관심을 보이기 때문에 우선적으로 노출시켜주는 것이다.

두 번째는 사람들이 많이 반응한(좋아요, 댓글, 공유 등) 게시물이 사람들이 선호하는 게시물 즉 좋은 게시물이라고 평가하여 더 많은 사람들에게 도달하도록 만들어져 있다. 때문에 SNS는 팔로워와 반응이 중요한 것이다. 우리가 이미 많은 팔로워를 보유하고 있다면, 아마 이 두 가지는 이미 어느 정도 해결이 되었을 것이다. 하지만 아직 자리를 잡지 못했다면, 팔로워를 늘리는 것도 좋아요를 받는 것도 상당히 어려울 것이다. 그때 약간의 노력만으로 손쉽게 팔로워와 내 게시물에 좋아요를 늘릴 수 있는 〈라이크리〉라는 앱을 소개하려고 한다.

TIP 해당 앱은 품앗이 앱으로 갑자기 서비스가 중단될 수 있다. 만약 해당 앱이 검색되지 않는다면 비슷한 기능을 가진 앱을 다운 받아 사용하면 된다. 사용방법은 대부분 비슷하다.

라이크리 - 셀럽 또는 인플루언서가 될 수 있는 가장 쉬운 방법!

라이크리   소셜   ★ ★ ★ ★ ⚝ 368 👤

⑫

언앱 구매 제공

🏷 위시리스트에 추가   [설치]

사용환경 안드로이드	**리뷰 점수** 4.6 ★
다운로드 수 1만 이상	**난이도** ★☆☆☆☆
활용도 ★★★★☆	**활용방법** 인스타그램의 팔로워와 게시물의 좋아요를 늘려주는 품앗이 앱

<라이크리> 설치방법   🔍

1 구글 플레이 스토어 또는 앱 스토어 접속

2 '라이크리' 검색

3 '설치' 탭하여 설치

----

4 〈라이크리〉 앱 실행

〈라이크리〉 사용방법 🔍

① 〈라이크리〉 실행 후 팔로워 및 게시물 '좋아요' 등을 늘리고 싶은 인스타그램 계정 정보를 입력한다.

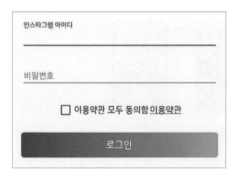

② 계정 정보를 입력하면, 입력된 인스타그램 계정의 정보를 불러온다. 〈라이크리〉 품앗이 앱은 코인을 통해 내 인스타그램의 팔로워 및 원하는 게시물의 좋아요와 댓글을 받을 수 있다. 하지만 처음에는 한 번정도 팔로워를 받을 수 있는 코인밖에 없을 것이다. 코인은 현금결제로도 구매 가능하지만, 내가 다른 사람의 계정을 좋아요 눌러주거나 팔로워를 하는 행위를 통해서도 코인을 받을 수 있다.

게시물 좋아요는 1개당 2코인이 필요하며, **팔로워**는 1명당 10코인이 필요하다. 코인을 직접 구매하여 사용하는 것은 추천하지 않는다. **코인 줍기**를 통해서도 충분히 코인을 만들고 활용 가능하니 이를 최대한 활용하도록 하자.

먼저 메인 화면에 나오는 각 기능 등을 살펴보고 사용방법을 알아보자. 각 메뉴는 탭하여 접속할 수 있다. 또한 좌측 상단의 **설정** 아이콘을 탭하여 각 메뉴별 접속도 가능하다.

코인구매: 팔로워 및 좋아요를 받을 수 있는 코인을 현금 구매

보유코인: 현재 내가 가지고 있는 보유코인

코인줍기: 다른 사용자의 인스타그램을 팔로잉 및 좋아요를 통해 코인을 무료로 획득

좋아요 받기: 나의 인스타그램 게시물에 좋아요 받기 (2코인 필요)

팔로워 받기: 나의 인스타그램 계정의 팔로워 받기 (5코인 필요)

무료로 코인을 획득하기-코인줍기

코인줍기를 탭하면, 현재 계정의 팔로워 및 좋아요를 원하는 사용자가 등록한 정보를 확인할 수 있다. 여기에서 이들의 계정을 '팔로워'하거나 '게시물 좋아요'를 눌러 코인을 쉽게 획득할 수 있다.

하단에 있는 팔로워 및 좋아요를 탭하면 해당 게시물의 사용자 인스타그램으로 바로 이동이 된다. 이때 이들이 요청한 작업(팔로워 및 좋아요)를 해주고 다시 라이크리로 돌아오면 코인이 획득된 것을 확인할 수 있다. 게시물의 좋아요는 1코인이 획득되며, 팔로워는 7코인이 획득된다.

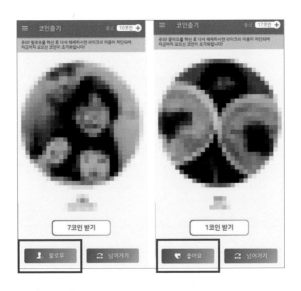

인스타그램 게시물 좋아요 받기

코인줍기를 통해 무료로 코인을 획득했다면, 이제는 코인을 활용하여 내 인스타그램의 **게시물 좋아요**를 늘려보도록 하자. 메인 화면 또는 좌측 상단의 설정 아이콘을 통해 '좋아요 받기'를 탭하면 좋아요를 받고 싶은 게시물을 선택하는 화면이 나온다.

여기에서 원하는 게시물을 탭하자. 게시물 선택이 완료되었으면, 획득하고 싶은 좋아요 수를 설정하면 된다. 좋아요 수는 최대 내가 가지고 있는 코인만큼 받을 수 있다.

받고 싶은 좋아요 수를 설정했다면, 하단의 **주문하기**를 탭하면 좀 전에 우리가 코인을 무료로 획득했던 것 과 같이 다른 사용자에게 노출이 된다. 다른 사용자들은 나의 게시물에 좋아요를 누르고, 나의 코인을 다시 획득하게 된다. 1개의 좋아요를 받는 데에 필요한 코인은 2코인이다.

좋아요 받고 싶은 게시물 선택

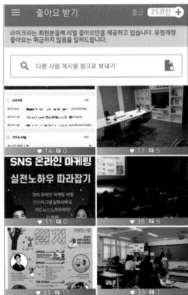

몇 개의 좋아요를 받고 싶은지 설정

인스타그램 계정 팔로워 받기

이번에는 계정 팔로워를 늘리는 방법을 알아보자. 팔로워를 늘리는 방법도 좋아요를 늘리는 방법과 거의 동일하다. 메인 화면 및 설정에서 **팔로워 받기** 메뉴를 탭하자. 그러면, 이번에는 바로 몇 개의 팔로워를 받고 싶은지 설정한 후 주문하는 페이지로 이동된다. 내가 가진 코인 안에서 팔로워 수를 설정한 후 하단의 **주문하기**를 누르면 설정이 완료된다. 1명의 팔로워를 늘리는 데에 필요한 코인은 10코인이다.

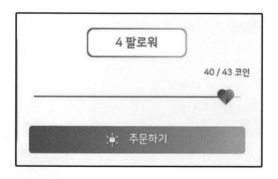

설정한 좋아요 받기 및 팔로워 받기 현황 확인하는 방법

이렇게 설정한 작업은 메인 화면 하단 **주문현황**에서 확인이 가능하며 현재 내가 설정한 좋아요 및 팔로워가 얼마만큼 진행되었는지도 한눈에 알 수 있다. 참고로 여기서 각 주문현황 옆에는 **카트** 모양의 취소 아이콘이 있다. 이 아이콘을 탭하면 현재 진행사항을 취소시킬 수 있다. 다만 취소 시 작업이 완료가 되지 않았어도, 설정 시 사용된 코인은 회수되지 않으니 참고하길 바란다.

마케터가 알려주는 <라이크리> 활용 꿀팁

중요한 게시물에는 '좋아요'를 많이 늘리면 좋다. 좋아요가 많을수록 인스타그램에서 해시태그로 검색 시 인기게시물에 상위에 노출될 확률이 높아지기 때문이다. 또한 우리가 무료로 획득하는 **코인줍기** 기능을 사용할 때도, 대행업체들의 작업 계정(계정에 사진 등 정보가 거의 없는 경우)이 아닌 실제 일반 계정인 경우나 내 잠재타깃과 어느 정도 해당되는 사용자라면, 댓글을 남겨보도록 하자. 그러면 이들은 내 게시물에도 댓글을 남겨주거나 소통을 하는 진성 팔로워로 만들 수 있을 것이다.

APPLICATION 5

나를 언팔 한 사용자를 찾아 언팔 하기

Unfollowers

〈Unfollowers〉 앱은 인스타그램 팔로우 관리에 도움을 주는 앱이다. SNS가 활발해지면서 이제는 많은 사람들이 해시태그를 적극 활용하고 있다. 이중 **#선팔맞팔**이란 해시태그는 선팔로우 하면 맞팔로우 하겠다는 암묵적인 룰이다. 이는 인스타그램에서 **#선팔맞팔**만 검색해봐도 얼마나 많은 인스타그램 사용자들이 사용하고 있는지 쉽게 알 수 있다.

그런데 이렇게 서로 팔로우하다 보면 이 룰을 깨고 일방적으로 팔로우를 끊는 사용자들을 많이 볼 수 있다. 〈Unfollowers〉는 이들을 찾아 팔로우를 끊어주는 앱이라고 보면 된다. 또는 나와 실제 친분관계를 가진 사람 중 나와의 관계(팔로워)를 끊었는지 여부도 알 수 있다. 언팔 했다면, 분명 그들은 나와의 관계를 이어나가고 싶지 않아 그랬을 것이다. 이에 기분 나빠 할 게 아니라 이들에게 먼저 손을 내밀어 관계를 다시 회복시키는 데도 이 앱을 활용할 수 있다.

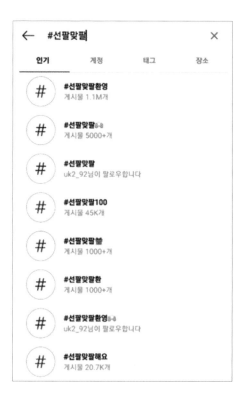

스마트폰이 진화하면서 대부분의 스마트폰 사용자가 SNS를 이용하고 있다. 오죽하면 상호 관계에 문제가 발생했을 때 가장 먼저 하는 행동이 SNS에서 상대방이 나의 소식(피드)을 받는 것을 중단하는 것이겠는가. 〈Unfollowers〉는 이들을 찾아내어 다시 관계를 회복시키거나 정리할 수 있도록 도와준다.

TIP 〈Unfollowers〉는 나는 팔로우하고 있지만 상대방은 나를 팔로우하지 않는 사용자들을 찾아낸다. 때문에 정보를 얻기 위해 나 혼자 팔로우하고 있는 계정도 팔로우 취소될 수 있다.

Unfollowers   🔍

Unfollow Users

Unfollow Soft Team 도구   ★ ★ ★ ★ ⁺ 180,146 👤

ⓘ

인앱 구매 제공
ⓘ 사용 중인 모든 기기와 호환되는 앱입니다.

설치

사용환경 안드로이드	**리뷰 점수** 4.4 ★
다운로드 수 100만 이상	**난이도** ★☆☆☆☆
활용도 ★★★☆☆	**활용방법** 인스타그램 팔로워 관리

<Unfollowers> 설치방법 🔍

1 구글 플레이 스토어 접속

2 'Unfollowers' 검색

3 '설치' 탭하여 설치

- -

4 〈Unfollowers〉앱 실행

- -

〈Unfollowers〉사용방법 🔍

〈Unfollowers〉실행 후 인스타그램 계정 정보를 입력한다.

계정 정보를 입력하면, 현재 나는 상대방의 계정을 팔로우하고 있지만 상대방은 나의 계정을 팔로우하고 있지 않은 모든 사용자를 찾아낸다. 이 안에서 나도 팔로우를 끊고 싶은 사용자의 **팔로우를 해제**를 탭하면 팔로우를 끊을 수 있다. 또는 하단의 **팔로우를 해제 10**을 탭하면, 자동으로 10명의 사용자와의 팔로우를 해제한다. 일괄 팔로우 해제는 한 번에 10명까지의 팔로우만 해제 가능하며, 10명의 팔로우 해제 후 다시 팔로우 삭제가 가능하다.

Unfollowers(1119)
Open News
팔로우를 해제
팔로우를 해제
팔로우를 해제
팔로우를 해제
팔로우를 해제
팔로우를 해제
팔로우를 해제
팔로우를 해제 10
광고 삭제

APPLICATION 6

페이스북 마케팅, 어떻게 하는 걸까?

페이스북 페이지 관리자

페이스북을 활용해서 마케팅을 하려면 페이스북 비즈니스 계정인 '페이지' 운영이 필수적이다. 물론 단순한 홍보는 개인 계정을 통해서도 가능하지만, 개인 계정은 페이스북의 장점인 광고 기능을 사용할 수 없다. 또한 페이스북 개인 계정은 팔로워 수가 한정되어 있어 최대 5,000명까지만 나를 팔로우할 수 있지만 페이스북 페이지는 무제한이라는 장점이 있다. 때문에 페이스북을 활용하여 마케팅을 하려면, 페이스북 페이지는 절대적으로 필요하다.

물론 페이지가 개인 계정에 비해 팔로워 수 무제한이라는 장점도 있지만 반대로 페이지를 통해 내가 상대방을 팔로우할 수 없다는 큰 단점도 가지고 있다. 즉 개인 계정이 양방향 소통이라면 페이지는 단방향 소통이다. 상대방이 오로지 나의 소식을 받아만 볼 수 있다는 이야기이다. 그만큼 페이스북 페이지를 운영하는 것은 쉽지 않은 결정이다. 하지만 페이스북이 가진 마케팅적인 장점을 활용하기 위해서는 어쩔 수 없는 선택이기도 하다. 하지만 충분한 팬인 팔로워가 확보된다면, 이만큼 강력한 바이럴을 만들어주는 채널도 없다. 여기서 하나의 페이스북 운영 팁을 주자면, 개인 계정의 팔로워를 5,000명을 먼저 만들고 페이지의 게시물을 개인 계정으로 공유하는 방식으로 바이럴을 시키면 효과적이라는 것이다.

SNS 중 가장 많은 사용자를 보유하고 있는 인스타그램과 페이스북을 잠깐 비교해보자면, 인스타그램이 마케팅 채널로서 다소 한계가 있는 이유는 페이스북과 같이 본문에 링크를 삽입하거나 나의 게시물을 다른 사용자가 공유할 수 없다는 단점이 있기 때문이다. 반면 페이스북은 내가 원하는 링크를 통해 어떤 사이트로든 이동시킬 수 있고, 공유를 통해 쉬운 바이럴을 만들 수 있는 장점이 있다.

즉 내가 10,000명의 팔로워가 있고, 그 10,000명의 팔로워가 공유를 한다고 가정하면, 그 10,000명을 팔로우하고 있는 사용자들에게까지 나의 게시물이 전달되는 것이다. 또 그 팔로워들이 공유를 한다면 나의 게시물은 일파만파 바이럴이 될 것이다. 이것이 페이스북이 가진 바이럴의 힘이다. 때문에 〈페이스북 페이지 관리자〉 앱은 우리가 페이스북 개인 계정에서 게시물을 올리듯 페이지에 게시물을 올리고 관리하는 데 특화되어 있다.

이번에 소개하는 〈페이스북 페이지 관리자〉 앱은 페이스북 앱이나 PC에서도 바로 사용할 수 있다. 하지만 조금 더 편리하게 관리하고 싶다면 이 앱을 사용하기를 권한다.

페이스북 페이지 관리자   🔍

사용환경 안드로이드	**리뷰 점수** 4.1 ★
다운로드 수 5,000만 이상	**난이도** ★★★☆☆
활용도 ★★★☆☆	**활용방법** 페이스북 페이지 게시물 업로드, 인사이트 분석 및 관리

<페이스북 페이지 관리자> 설치방법   🔍

1 구글 플레이 스토어 접속

2 '페이스북 페이지 관리자' 검색

3 '설치' 탭하여 설치

----

4 〈페이스북 페이지 관리자〉 앱 실행

〈페이스북 페이지 관리자〉 사용방법 🔍

〈페이스북 페이지 관리자〉 앱에 접속한 후, 페이스북 페이지가 있는 계정으로 접속한다. 만약 현재 스마트폰에 페이스북이 로그인되어 있다면, 자동으로 계정을 불러오기 때문에 접속할 계정이 맞는지만 확인하면 된다. 만약 아직 페이지가 없다면, 페이지부터 먼저 만들어야 한다. 페이지를 만드는 방법은 네이버에서 '페이스북 페이지 만들기'라고만 검색해도 쉽게 정보를 찾을 수 있고, 몇 분 만에 금방 만들 수 있기 때문에 이 책에서 따로 설명하지는 않는다.

페이지를 만들고, 페이스북 페이지 관리자에 접속하면, 현재 내가 운영 중인 페이지의 화면이 보인다. 그러면 각 기능들을 통해 어떻게 사용해야 되는지 알아보도록 하자. 참고로 각 기능들을 하나 하나 설명하자면 책 한 권에 전부 이 내용을 담아야 한다. 대부분의 기능들이 익숙하거나 매우 쉬운 인터페이스로 되어 있어 처음 사용해도 큰 어려움이 없을 것이다. 그러니 이 앱에 어떤 기능들이 있는지에 대해서만 간단히 알아보도록 하자.

행동 유도 버튼 추가하기

〈페이스북 페이지 관리자〉 메인 페이지에서 **버튼추가**를 탭한 후 **지금**

전화, 문의하기, 예약하기, 구매하기 등 원하는 버튼을 만들어 소비자의 행동을 유도할 수 있다.

만약 내가 매장을 운영한다면 **지금전화, 문의하기, 예약하기** 등의 버튼을 사용할 수 있다. 또는 쇼핑몰을 운영하고 있다면, **구매하기** 버튼을 통해 내 쇼핑몰로 이동시킬 수 있다. 이는 수시로 변경 가능하기 때문에, 목적에 맞게 변경하면서 운영도 가능하다. 각 버튼은 각 각의 정보를 입력해주면 입력된 정보를 기반으로 작동이 된다. 만약 이미 버튼이 만들어져 있거나 수정이 필요하다면, 메인 화면 우측 상단의 ⋯ 아이콘을 탭한 후 **버튼수정**을 통해 수정할 수 있다.

게시물 업로드 하기

한 번이라도 페이스북에 게시물을 올려본 적이 있다면, 누구나 쉽게 게시물을 올릴 수 있을 것이다.

게시 메뉴를 탭한 후 내가 작성하고 싶은 글과 **사진/동영상** 항목에서 업로드할 사진 및 동영상을 불러오면 된다.

사진 메뉴는 **게시** 메뉴와 거의 동일한 기능이라고 봐도 된다. 사진을 탭하면 사진을 선택 후 작성하고 싶은 내용을 입력하면 된다. 단지 **게시** 메뉴와 순서만 바뀌었을 뿐이다.

여기서 참고할 것은 **슬라이드 쇼**이다. **슬라이드 쇼**는 여러 장의 사진이 자동적으로 슬라이드 되면서 노출되는 기능으로, 다양한 메뉴나 상품을 올릴 때 사용하면 효과적이다

페이스북 페이지 정보 입력 및 관리자 추가하기

내가 만약 매장을 가지고 있거나 위치를 노출시킬 필요가 있다면, 페이지 정보를 입력하면 실제 페이지를 보는 사람들에게 신뢰감을 더욱 높일 수 있다. 또한 페이스북 페이지는 여러 명이서 함께 관리할 수 있다.

만약 회사에 페이스북 마케팅 담당자를 둔 경우 해당 담당자가 실수로 페이스북 계정을 지워버린다거나 악한 마음을 가지고 퇴사를 하면서 삭제해버린다면 곤란해질 것이다. 실제로 관리자를 추가하지 않고 본 계정을 직접 알려주다 보면 종종 발생하는 일이다. 때문에 담당자를 두거나 대행사에 맡기는 등 별도의 관리자가 필요하거나 운영을 위임하는 상황이라면 관리자를 추가하고 관리자별 권한을 위임하여 공동 운영을 하는 것이 바람직한 방법이다. 해당 설정들은 메인 화면 우측 상단 **설정**을 통해 설정할 수 있다. 그러면 직접 페이지 정보 입력과 관리자를 추가해보도록 하자.

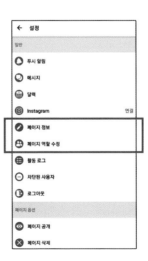

페이지 정보 입력하기

메인 화면 우측 상단 **설정→페이지 정보**를 탭하고 각 항목을 입력하면 된다. 페이지 정보에서는 다양한 정보들을 입력 및 수정할 수 있다. 각 항목 중 헷갈릴 만한 항목만 짚어보도록 하자.

이름 수정: 페이스북 페이지의 이름을 변경하는 것이다. 페이스북에서 변경 이름에 대한 심사가 진행되고 승인이 나야만 가능하다.

페이지 사용자 이름 수정: 내 페이스북 페이지의 인터넷 URL 주소로, https://facebook. com/ 뒤에 나올 URL 주소를 말한다. 내 페이지의 콘텐츠와 연관성이 있는 이름을 사용하는 것이 좋다. 쇼핑몰이나 블로그 등에서 페이스북으로 연동 위젯을 만들 때 연동 링크로 사용할 수도 있다.

설명: 나의 페이스북 페이지를 소개하는 글을 입력하는 항목이다. 최대 150자 안에서 나의 페이스북 페이지는 어떤 콘텐츠를 제공하는 페이지인지 작성하면 된다.

페이지 역할 수정 - 관리자 추가하기

메인 화면 우측 상단 **설정 → 페이지 역할 수정**에서 페이지 관리자를 추가하거나 그 역할을 설정할 수 있는 메뉴이다.

① 관리자 추가: 상단에 **페이지 관리자 추가**를 탭한 후 초대하려는 페이스북 사용자 ID

   를 입력하면 된다.

② 권한설정: 관리자의 오른쪽의 '연필' 아이콘을 탭하면 권한을 설정할 수 있다. 각각의

권한은 아래와 같으니 참고하길 바란다.

그 외 페이지 및 게시물 인사이트, 메시지함, 각종 알림 등의 기능은 메인 화면 하단에서 확인할 수 있다.

해당 영역은 직접 한 번씩 살펴보면 쉽게 이해할 수 있을 것이다. 각각의 영역은 왼쪽에서부터 **홈, 인사이트, 메시지함, 알림, 페이지 관리자 도구** 메뉴이니 직접 탭하면서 어떠한 역할을 하는지 확인해보길 바란다.

APPLICATION 7

SNS 광고·홍보, 이제는 스마트폰으로 십 분 만에
페이스북 광고 관리자

흔히 광고, 홍보라고 하면, 대부분의 사람들은 전문적인 영역으로 생각한다. 틀린 말은 아닌 것이 너무 높은 비용이 발생하기 때문이다. TV 광고를 한다면 최소 몇억 대의 광고비용을 투자해야 한다. 대한민국에서 독보적인 포털사이트인 네이버 광고만 하더라도 대부분 CPC 광고(클릭당 과금이 발생하는 광고로 경매방식 입찰제를 적용하여 정해진 구좌 안에 높은 입찰을 한 순서대로 노출되는 광고)로 제대로 운영하지 못하면, 큰 손해가 날 수밖에 없다. 입찰가를 낮게 하면 노출이 되지 않고, 그렇다고 비용을 높게 설정하면 위험부담이 커지기 때문이다.

예를 들어 우리가 1,000원에 입찰을 하여 3등에 노출이 된다고 가정하면 하루에 1,000명이 클릭해도 1,000,000원의 광고비용이 발생하는 것이다. 즉 어느 정도의 기술과 노하우가 필요한 영역인 것이다. 온라인 사업을 하는 사람들이라면 "광고하다가 망했다"라는 이야기를 종종

들어봤을 것이다. 즉 이제까지의 대부분의 광고는 실패했을 때의 리스크가 너무나 컸다는 뜻이다. 하지만 현재 온라인에서 가장 많은 잠재고객들이 활동하는 SNS 세계의 광고는 생각보다 큰 리스크가 발생하지 않는다.

그 이유는 내가 일일 광고비용을 설정할 수가 있기 때문이다. 사흘간 전체 광고비용을 10,000원으로 설정했다면 그 범위 안에서 기간 대비 비용이 할당돼 광고가 진행이 된다. 물론 다른 플랫폼의 광고에도 이러한 기능들이 있지만 10,000원이란 비용을 갖고는 어쩌면 1명에게 도달되는 비용의 가치도 안 되는 경우도 많다.

그에 비해 페이스북에서 광고비용 10,000원은 1,000명에서 3,000명 정도에게 나의 광고를 도달시킬 수 있는 금액이다. 또한 광고 도달 타깃도 내가 원하는 범위를 어느 정도는 설정할 수가 있다. 예를 들면 '30~40대의 남성 중 4년제 대학교를 졸업하고 독서와 경영에 관심이 많은 타깃' 등처럼 말이다. 또한 SNS 광고의 가장 큰 장점은 나의 광고를 본 사람들이 정보를 공유하여 바이럴을 시킬 수 있고, 좋아요 및 댓글 등을 통해 관심도와 직접 고객들과 소통도 가능하다는 것이다.

자! 여기서 말하는 포인트는 생각보다 페이스북과 인스타그램 광고는 개인으로도 쉽게 접근이 가능한 영역이며, 기대보다 효과가 발생하지 않았더라도 지금까지 진행한 광고를 통해 수정 보안이 가능한 영역이라는 것이다.

이번 파트에서는 초보라도 쉽게 광고를 진행하고, 그 정보를 통해 다시 수정 보안하여 광고를 진행할 수 있는 정도에만 초점을 맞춰〈페이스북 광고 관리자〉 앱을 활용하는 방법에 대해서 알아볼 것이다. 또한 PC 가 아닌 앱을 활용한다면, 언제 어디서든 쉽게 광고를 만들고 진행하거 나 수정 보안이 가능하다.

TIP 페이스북과 인스타그램 광고는 동시에 진행할 수도 있다.

사용환경 안드로이드	**리뷰 점수** 3.7 ★
다운로드 수 500만 이상	**난이도** ★★★★☆
활용도 ★★★★☆	**활용방법** 페이스북 및 인스타그램 광고

〈페이스북 광고 관리자〉 설치방법 🔍

1 구글 플레이 스토어 접속

2 '페이스북 광고 관리자' 검색

3 '설치' 탭하여 설치

4 〈페이스북 광고 관리자〉 앱 실행

〈페이스북 광고 관리자〉로 광고 만들기 🔍

1) 〈페이스북 광고 관리자〉 앱을 실행 후 광고하려는 페이지가 있는 페이스북 계정으로 로그인한다.

2) 로그인을 한 후 좌측 상단의 **설정 아이콘을 탭**한 후 **캠페인 만들기**를 선택한다.

3) 페이스북 광고를 진행하려면 내가 광고를 진행하려고 하는 콘텐츠의 목적이 무엇인지 설정해야 한다. 페이스북은 광고 목적에 따라 효과적인 노출 방식이 정해져 있다. 페이스북 페이지의 게시물을 홍보하고 싶다면, **게시물 홍보하기**를 선택해 진행하면 된다. 만약 내가 원하는 사이트로 이동을 원한다면 **웹사이트 트래픽 늘리기/웹사이트 전환 늘리기**를 탭

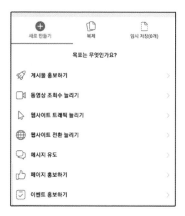

해 진행할 수 있다. 설정방법은 조금씩 차이가 있으나 **게시물 홍보하기**를 기본으로 이해하면 되기 때문에 **게시물 홍보하기**로 설명을 하고자 한다.

TIP **웹사이트 트래픽/전환 늘리기**에서는 이 부분만 다르다. 오른쪽 그림의 빨간색 네모칸 영역을 참고하여 각 영역이 어떻게 노출되는지 확인 후 입력하면 된다.

제목: 광고의 제목 작성

텍스트: 게시물 작성 시 분문에 해당되는 영역으로 전달하고 싶은 내용 입력

웹사이트: 내 광고를 클릭 시 이동시킬 웹사이트 주소를 입력

행동유도: 클릭 버튼에 표시될 버튼 이름

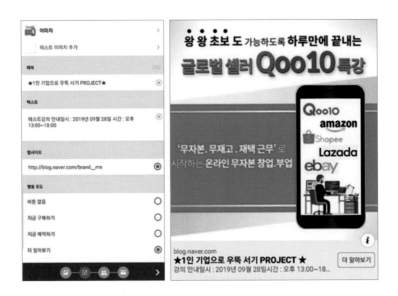

4) 이제 광고를 진행하려는 게시물을 만들어보자. 여기서 말하는 게시물은 광고하려는 게시물을 뜻한다. 즉 이미 광고하려는 콘텐츠가 만

들어져 있어야 한다는 것이다. 콘텐츠 자체를 만드는 방법은 '콘텐츠 제작 앱' 챕터를 참고하도록 하자.

① 우측 상단 게시물 만들기 탭 → ② 게시물 작성(이미지 및 내용작성) → ③ 게시물 홍보하기 탭

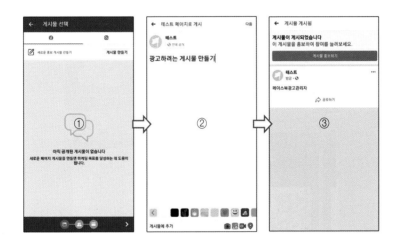

게시물이 만들어지면 광고를 만들기 위한 준비는 끝났다. 이제는 내 광고를 누구에게 어떻게 얼마만큼을 전달할지 설정만 하면 된다. 페이스북 광고에서 사실 이 부분이 가장 중요하다. 조금 어려울 수 있으니 익숙해질 때까지 천천히 따라해보도록 하자.

5) **목표설정**-콘텐츠 전달 목적 설정하기

내 콘텐츠의 특징과 목적에 따라 도달률 기반으로 진행할지 좋아요,

댓글, 공유를 기반으로 할지 선택하면 된다.

▶ **좋아요, 댓글 및 공유를 최우선으로 사용**: 게시물 배포와 홍보하는 것이 목표

▶ **도달을 최우선으로 확보**: 많은 사람들에게 게시물이 노출되는 것이 목표

6) **타깃 설정, 예산 및 일정, 노출 위치**를 설정해보자

타깃 설정하기

타깃 설정은 내 콘텐츠가 어떤 잠재고객에게 도달되기를 희망하는지 설정하면 된다. 목표가 설정이 되었으면, **타깃**을 탭하면 세부 설정할 수

있는 화면이 나온다.

먼저 전달하고자 하는 가상의 타깃을 만들어보자. 나는 '마케팅에 관심 있는 30~50대의 기업 담당자'에게 콘텐츠를 전달하려고 한다. 그래서 아래와 같이 설정을 하였다.

포함된 위치: 대한민국(서울, 경기도, 청주 등 세부적인 설정도 가능하다)

제외된 위치: 포함된 위치가 경기도라면, 경기도 근방에만 전달이 된다. 제외된 위치는 대한민국처럼 전체를 하는 경우 특정 지역만 제외하고 싶다면 사용하면 된다.

상세 타깃팅 포함: 경제학, 광고, 마케팅, 소규모기업, 소규모 업체 운영자, 중소기업, 디지털 마케팅에 관심 있을 만한 사람들을 상세 타깃팅으로 설정하였다.

연령: 30~50대(기업에서 마케팅 담당자는 최소 30대 이상일 거라고 생각해 30대부터

50대까지로 설정하였다.)

성별: 모두(해당 콘텐츠는 성별에 큰 영향을 미치는 콘텐츠가 아니기 때문에 남여 모두
를 타깃팅했다.)

이와 같이 내가 전달하고자 하는 가상의 타깃을 만들고, 그들이 가진
특성을 고려하려 전달 범위를 설정하면 된다. 타깃 설정이 완료되었다
면, 우측 상단의 ☑ 표시를 탭해 설정한 타깃을 적용시켜주자.

예산 설정 및 일정

예산 및 일정을 탭 후 광고 예산과 진행 날짜를 설정하면 된다. 각 항목
은 아래의 자세한 설명을 참고하여 설정해보도록 하자.

매일: '매일'로 설정하는 경우 내가 설정한 예산 범위 안에서 매일 광고가 진행된다.

전체기간: '전체 기간'으로 설정하는 경우 광고 전체 기간 동안 설정된 예산 안에서 유동적 광고비용이 지출된다.

비용: 위 설정한 방식에 따라 적절한 금액을 세팅하면 된다. 간혹 '매일'로 세팅하고 전체 기간의 비용을 입력하는 실수로 할 수 있으니 꼭 다시 한 번 더 확인하도록 하자.

계속 게재: 예산 설정을 '매일'로 하는 경우에만 사용이 가능하며, 계속 게재하는 경우 내가 별도로 광고를 중단하기 전까지는 매일 광고가 진행되는 설정이다. 아직 초보자라면 이 기능은 활용하지 않는 것이 좋다.

지금 시작: 지금 시작을 선택하면, 오늘로부터 몇 일간 진행할지를 선택하는 화면이 나온다. 물론 지금 시작을 해도 광고 승인이 필요하기 때문에 바로 광고가 집행되지는 않는다. 광고를 신청하면 짧게는 몇 시간에서 길게는 1일 이상의 승인 기간이 필요하다.

나중에 하기: 광고를 예약 발행하는 설정이다. 내가 원하는 시작 날짜와 종료 날짜를 설정하면 된다.

모든 설정이 완료되면 앱 화면 하단에서 대략적인 일일 추산 도달 범위를 확인할 수 있다.

노출 위치

이제 마지막으로 내 광고의 노출 위치만 설정하면 끝이다.

자동(권장): 페이스북 인스타그램 등 광고가 가능한 모든 영역에 노출이 된다. 해당 영역은 '페이스북, 인스타그램, Audience network, Messenger'의 일반 게시물 노출 위치부터, 동영상 등 다양한 곳에 노출이 된다. 보통 초보자들이 많이 사용하는 방식이다. 하지만 자동 노출은 말 그대로 노출의 극대화를 노리기 때문에 내 광고가 필요하지 않은 영역에서 노출이 많이 될 수도 있다.

수동: 내가 직접 광고 위치를 설정할 수 있다. '수동'을 탭하면 PC, 모바일 등 특정 기기에서만 광고 노출 설정도 가능하다. 페이스북 인스타그램 광고 시 기본으로 세팅된 플랫폼 영역은 페이스북, 인스타그램, Audience network, Messenger이다. 각 영역도 목적에 따라 설정을 다르게 할 수 있지만, 우리는 전문가의 영역이 아닌 개인이 혼자 활용할 수 있을 정도만 알면 된다. 때문에 기본적으로 추천하는 광고 영역은 페이스북과 인스타그램 정도만 진행하면 된다. 노출을 원하지 않는 영역은 탭 후 설정을 지울 수 있다.

이렇게 **목표 설정, 타깃 설정, 예산 및 일정, 노출 위치**까지 모든 광고 설정을 완료한 후, 하단의 **주문 검토**를 눌러주면 광고 신청이 완료된다. 광고 만들기가 완료되면, 현재 진행 중인 광고가 그림처럼 표시된다.

광고는 위에서 잠깐 이야기했지만 바로 승인이 나지 않고, 페이스북에서 이 광고가 문제가 없는지 페이스북에서 정한 규정 안에서 만들어졌는지 확인 후 승인이 난다. 광고가 승인이 되면 '게재되지 않음'이 '게재됨'으로 변경되는 것을 알 수 있다. 또한 현재 진행 중인 광고를 수정하고 싶다면, 수정하려는 광고 리스트를 탭하면 수정할 수 있다.

TIP 인사이트를 활용하여 더욱 효과적인 광고를 해보자. 광고가 승인되고 진행이 되면, 해당 광고의 인사이트(광고 분석)를 확인할 수 있다. 진행한 광고 목록을 탭하면, 화면 하단에서 어떤 성별의, 어느 정도의 연령대를 가진 사용자가, 어떠한 플랫폼을 통하여 광고에 관심을 보였는지 알 수 있다. 이렇듯 인사이트가 중요한 이유는 분석된 데이터를 통해 더욱 효과적인 타깃 광고가 가능하기 때문이다.

이제까지 우리는 가상으로 (30~50대의 마케팅 담당자가 관심을 가질 만한 설정) 타깃을 설정했는데, 인사이트에서 실제 사용자들의 반응이 어떤지 확인해볼 수 있다. 우리는 이를 활용하기만 하면 된다. 예를 들어 우리가 진행한 광고가 그림과 같이 '35~44세'의 '남성'이 '인스타그램 피드'에

성별	연령	노출 위치	위치
전체 결과			
여성			
링크 클릭			51
링크 클릭당 비용			₩461
도달			1,610
남성			
링크 클릭			266
링크 클릭당 비용			₩344
도달			6,644
알 수 없음			
링크 클릭			2
링크 클릭당 비용			₩155
도달			14

성별	연령	노출 위치	위치
전체 결과			
25~34세			
링크 클릭			90
링크 클릭당 비용			₩353
도달			3,186
35~44세			
링크 클릭			144
링크 클릭당 비용			₩373
도달			3,214
45~54세			
링크 클릭			85
링크 클릭당 비용			₩252
도달			1,868

성별	연령	노출 위치	위치
전체 결과			
Instagram Stories			
링크 클릭			1
링크 클릭당 비용			₩484
도달			56
Instagram 피드			
링크 클릭			214
링크 클릭당 비용			₩385
도달			4,462
모바일 앱 뉴스피드			
링크 클릭			60
링크 클릭당 비용			₩389
도달			1,768

서 가장 많은 반응을 보였다면, 우리는 35~44세의 남성이 좋아할 만한 이미지와 문구를 사용해 콘텐츠로 다시 만들고 타깃 범위 또한 35~44세로 설정하고, 노출 위치는 인스타그램 피드로 설정하여 다른 광고보다 이 광고에 비용을 높인다면 분명 더욱 좋은 효과를 만들 확률이 높아질 것이다.

이렇듯 광고를 잘한다는 것은 데이터 분석을 통해 지속적으로 높은 광고 효과를 만드는 것이다. 그 누구도 아무런 정보 없이 광고를 효과적으로 진행하기는 어렵다. 때문에 효과가 없다면, 그 이유를 찾고 그것을 보완해 다시 진행하는 것이 바로 광고를 잘하는 노하우이다.

마케팅 대행사 없이 직접 하는 인플루언서, 체험단 섭외

입소문

온라인 시장이 급성장하면서 이제 모든 사람들이 온라인 마케팅의 중요성을 다들 알고 있을 것이다. 그런데 생각보다 많은 자영업자들이 이것을 활용하지 못하고 있다. 왜일까?

지금의 30대 이상은 그전까지 온라인이라는 세상이 없었거나 필수가 아닌 선택이었던 세상에서 살아온 사람들이다. 그렇기 때문에 지금의 10대나 20대처럼 당연하게 온라인 세상을 받아들이지는 못했다. 스마트폰보다는 이제까지 사용했던 2G폰이 편했고 SNS를 하지 않아도 불편하지 않았으며 정보는 신문을 보면 되었기 때문이다. 물론 그때는 온라인이라는 세계가 이렇게까지 세상의 중심이 될지 예측하지 못했을 것이다. 하지만 그렇기 때문에 오히려 기회가 있다. 내가 어렵다는 것은 남도 어렵다는 이야기가 된다. 기회는 쉬운 곳에 있지 않다. 왜? 내가 쉬우면 남들도 쉽고 그러면 이미 사람들은 그곳에 다 몰려갈 것이

때문이다. 그런데 사실 이것을 또 빗나가는 것이 온라인이라는 세계이다. 온라인은 겉보기에는 어렵지만 알고 보면 굉장히 단순한 구조를 가지고 있다. 단지 관심이 없으니 모를 뿐.

이번 파트의 주제인 인플루언서, SNS 및 블로그 체험단 마케팅에 대해 이야기하면 아마 대부분이 자기 주변에 이와 관련된 사람이 있나 생각해본다. 그리고 없으면 포기하는 것이 대부분이다. 이런 것들은 자기

사용환경 안드로이드, 아이폰 　　**리뷰 점수** 4.6★

다운로드 수 1만 이상 　　**난이도** ★★★☆☆

활용도 ★★★★☆ 　　**활용방법** SNS 및 블로그 체험단 모집 앱

주변만 봐도 쉽게 알 수 있다. 최근 내 지인이 매장을 오픈하면서 체험단 및 인플루언서 마케팅을 잠시 이야기한 적이 있었다. 역시나 주변에서만 찾는 것이 일반적인 현실이라는 이야기이다. 그런데 사실 우리가 인플루언서나 블로거를 직접 찾을 필요가 없다. 우리는 우리 가게를 어떻게 홍보할지만 생각하고 필요한 정보들만 '입소문' 앱에 올려두면 알아서 인플루언서와 블로거들이 신청을 한다. 우리는 신청된 인플루언서와 블로거 중에 선택만 하면 된다는 것이다.

이번 파트에서는 어떤 영역이던 쉽게 인플루언서 및 블로거 마케팅을 진행하고 신청할 수 있는 앱인 체험단 앱에 대해서 소개해보고자 한다.

〈입소문〉 설치방법   🔍

1 구글 플레이 스토어 접속

---

2 '입소문' 검색

---

3 '설치' 탭하여 설치

---

4 〈입소문〉 앱 실행

〈입소문〉 사용방법   🔍

체험단을 모집하기 위해서는 회원가입은 필수이니 먼저 회원가입을 진행하도록 하자.

회원가입이 완료되면, 마지막에 사업자정보 및 매장 위치 등 정보를 입력하는 영역이 나온다. 이 정보는 진행시 체험단을 신청하는 인플루언서들에게 신뢰를 줄 수 있는 영역이니 꼼꼼히 적어주는 것이 좋다.
사업자가 없는 경우 1:1 문의를 통해 진행하면 된다.

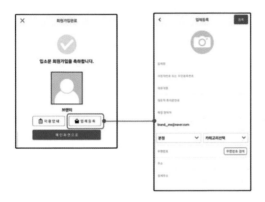

업체등록까지 되었으면, 이제 본격적으로 체험단 공고를 등록해보
자. 메인 화면 하단 **모집** 탭을 선택한 후 나오는 페이지에서 우측 상단
의 **광고등록**을 탭하면 된다.

진행하려는 모집형태에 따라 공고유형을 선택해주면 된다. 각 각의 공고 형태에 따라 탭하면 자세하게 설명되어 있으니 참고한 후 진행하면 된다.

각각의 형태를 간략하게 설명하자면, **SNS공유단모집**은 '인플루언서' 영역으로 자신의 SNS에 해당 콘텐츠를 소개하는 공고이며, **체험단모집**은 일반사용자가 상품을 직접 체험 및 사용하고 리뷰를 남기는 형태라고 이해하면 된다. **블로그 포스팅(언론기사포함)**은 별도의 방문 및 상품 제공 없이 사진과 내용을 제공해주면 블로그 및 언로사에서 포스팅 및 기사를 발행해주는 영역으로 이해하면 된다.

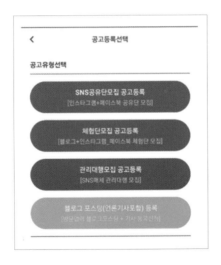

체험단 공고 어떻게 하면 잘할 수 있을까?

체험단 모집에서 체험단을 등록하는 것이 사실상 어려운 것이 아니라 효과적인 체험단 공고를 등록하는 것이 어렵다. 때문에 미리 나와 비슷한 체험단을 진행하고 있는 업체들을 살펴보고 벤치마킹하여, 체험단 공고 모집 콘텐츠를 준비하는 것이 좋다.

예를 들어 내가 음식점을 운영하고 블로그 체험단을 진행하려고 한다고 해보자. 이때 우리는 상황에 따라 직접 방문하지 않았지만 이미지 및 포스팅 문구를 직접 전달해주고 대리 발행만 요청할 수도 있을 것이다. 이렇게 된다면 실제 블로그들은 직접 방문하지 않고 전달된 내용으로만 포스팅을 작성하니 매우 쉬울 것이다. 이런 경우에는 체험단 비용도 낮게 측정하면 된다.

반대로 직접 방문하여 사진 촬영 및 블로그 포스팅까지 모두 블로거가 직접 작성해야 한다면 체험단 비용은 높아질 것이다. 보통 음식점의 경우에는 방문하려는 인원수에 따라 주문 가능한 금액을 지정해주거나, 지정 음식을 무료로 제공하는 경우가 많다.

상품의 경우에도 마찬가지로 보면 된다. 다만 포스팅 작성 후 상품을 반납하게 할 것인지 아니면 제공해주는 조건으로 할지는 상품의 가격에 따라 정하면 될 것이다. 보통 상품을 반납하는 경우에는 별도로 포스팅 비용을 지불하는 경우가 많다.

이뿐만이 아니라 **SNS공유단**의 경우에는 각 인플루언서가 가진 팬들의 특징을 이해하는 것도 중요하다. 만약 내가 20대 여성에게 적합한 상품을 홍보하려고 하는데 해당 인플루언서의 팬들은 전부 50대라면 팬들이 많아도 효과가 적을 것이다. 또는 인스타그램 등 SNS에서 나의 브랜드 및 매장의 해시태그(#)를 늘리는 게 목적이라면, 직접 방문 및 상품을 제공하는 공고보다는 사진과 내용을 제공해주고 콘텐츠의 양을 늘리는 게 효과적인 방법일 것이다.

블로그 체험단의 경우 내가 노출하려는 키워드에 따라 블로거의 블로그도 잘 살펴보아야 한다. 만약 맛집 블로거 마케팅을 하는 경우에는 맛집에 관련된 포스팅을 많이 작성한 블로거의 포스팅이 노출될 확률이 높기 때문이다. 이렇듯 어떤 목적을 가지느냐에 따라 신경 써야 할 것들이 많다. 즉 단순히 체험단 등을 진행하는 것이 목적이 아닌 효과적인 마케팅을 위해 진행해야 한다는 것이다.

너무 어렵게 느껴지는가? 그래서 벤치마킹이 가장 좋은 마케팅이라고 하는 것이다. 때문에 아직 초보라고 스스로 느낀다면, 나와 비슷한 공고모집 글을 많이 보고 참조하는 것이 가장 좋은 방법이며 특히 잘되고 있는 모집 글을 참고하여 그들의 진행 방향성, 금액, 키워드 등을 꼭 살펴보고 그와 비슷하게 벤치마킹하여 진행해보도록 하자.

APPLICATION 8

국민 메신저 카카오톡을 활용한 메신저 마케팅
카카오톡 채널 관리자

예전에는 핸드폰이 대중화되지 않았고, 가지고 있는 집도 많지 않았다. 정보를 찾으려면 신문이나 잡지를 보거나 업체에 직접 전화를 해야만 했고, 지인들끼리도 안부를 물으려면 통화를 해야 했던 시절이다. 즉 전화하는 일이 너무나 익숙했던 것이다. 오죽하면 전화번호부가 가정마다 1~2개씩은 있었고, 졸업 앨범의 마지막은 모든 학생의 집 전화번호가 장식했다. 그만큼 전화가 가장 강력한 연락 수단이었다는 것이다. 뿐만 아니라 핸드폰이 대중화가 되기 전에는 항상 집에 전화를 하여, 누구 누구 있나요? 라는 멘트를 시작으로 하는 경우가 많았다. 즉 내가 원하는 대화 상대자와 바로 연결하는 것이 아닌 누군가를 거친 후 연결되는 경우가 많았다는 것이다.

그런데 지금은 어떤가? 현대인들은 전화보다 메신저를 통한 대화에 더 익숙하다. 이것이 무엇을 의미하는지 아는가? 고객들의 행동패턴이

달라졌다는 것이다. 집에 전화가 없는 집도 많을뿐더러 지금은 1인 1 스마트폰의 시대이다. 이는 개개인마다 통신수단을 모두 가지고 있다는 것을 뜻한다. 때문에 우리는 전화를 할 때 다른 사람이 받을 것을 생각하지 않기 때문에 지인들과 전화를 할 때 크게 생각하고 전화를 하지 않는다. 이는 곧 낯선 사람과의 대화가 편안하지 않은 상태라는 것이다. 뿐만 아니라 이제는 자신의 정보가 바로 바로 노출이 된다는 것이다. 이로 인해 이들은 낯선 사람과의 전화를 더욱 기피하는 현상이 발생한다. 이러한 다양한 이유들로 인해 통화 자체보다 메신저를 통해 텍스트를 통한 대화가 일상이 되었다.

가족들끼리도 메신저로 대화를 하고 친구들은 말할 것도 없이 대부분의 대화를 메신저로 한다. 반대로 이야기하면 이들은 전화보다 메신저가 익숙한 시대라는 것이다. 이것이 무엇이 문제야라고 생각할 수 있지만 이들에게 낯선 사람과 통화에 익숙하지 않고 불편함을 느낀다는 것이다. 경험이 없기 때문에 당연한 일인 것이다.

이는 실제 소비 형태에서 분명하게 나타난다. 이들은 정말 중요한 일이거나 궁금한 사항이 아니면 전화를 잘하지 않는다. 즉 이제는 궁금한 것이 있어도 통화가 아닌 메신저로 묻는 것을 선호한다. 즉 이들과 원활하게 소통하기 위해서는 단순히 회사의 연락처를 남기는 형태가 아닌 메신저로 쉽게 문의할 수 있는 창구를 열어주어야 한다는 것이다. 이에 가장 적합한 앱이 바로 〈카카오톡 채널〉이다. '카카오톡 채널'은 카카오톡의 비즈니스 모델의 이름이다. 사용법은 동일하나 비즈니스를 목적으로 사용하는 〈카카오톡〉이라고 생각하면 된다.

〈카카오톡〉은 대한민국 5,000만 명이 사용하는 메신저 앱이다. 대한민국 인구가 약 5,170만 명인 것을 감안하면 갓난아이들과 연세가 많은 실버층을 제외하고 대한민국 국민 대부분이 〈카카오톡〉을 사용하고 있다는 얘기다. 때문에 이들에게 〈카카오톡〉보다 편한 대화 방식은 없는 것이다.

이것이 중요한 이유는 바로 익숙함 때문이다. 고객들이 메신저를 통한 대화를 선호한다고 해도 이들이 사용하지 않는 방식으로 대화를 시도하면 이들은 금세 불편함을 느낄 것이다. 예를 들면 40~50대의 사람들에게 페이스북 메신저로 문의하라고 하면, 이미 불편함을 느낄 것이다. 사용해본 적도 없을뿐더러 설치를 하려면 자신들이 이것에 대해 정보를 습득해야 하기 때문이다. 때문에 궁금한 게 있어도 정말 중요한 것이 아니라면 그냥 안 하고 말 것이라는 것이다. 이에 반면 〈카카오톡〉은 5,000만 명이 사용하는 만큼 전 국민 사용한다고 봐도 되기 때문에 이미 설치가 되어 있다고 볼 수 있다. 즉 문의하기 위한 첫 번째 조건이 익숙함과 불편함 제거가 이미 완성되어 있다는 것이다.

단순히 이러한 장점만 있는 것이 아니다. 상대방이 카카오톡 채널로 상담하기 위해서는 '내 카카오톡 채널'을 친구추가를 해야만 한다. 이로 인해 나는 잠재고객들을 나의 플랫폼 영역으로 모아둘 수가 있다. 또한 이들에게 단체 메시지를 보내 이벤트 등도 진행이 가능하다. 이것이 큰 장점인 것이다. 만약 이들에게 홍보 문자메시지를 보낸다면, 첫 문구를 확인하고 보지 않을 수도 있다. 왜일까? 이미 문자메시지는 지인들과 대화 창구가 아닌 기업들 홍보의 창구로 사용되고 있기 때문이다. 이에 반면 카카오톡은 지인들과의 대화 창구이며, 너무나 익숙한 플랫폼이기 때문에 아무 부담 없이 우리의 메시지를 클릭한다는 것이다.

이것을 조금 더 쉽게 설명해보자면, 나는 나의 블로그에 '궁금한 사항이 있으면 나의 카카오톡 채널로 문의하라'고 안내하고 있다. 방문자들은 궁금한 정보가 있을 때 전화가 아닌 〈카카오톡〉으로 나에게 메시지를 보낸다. 내가 성실히 답변을 해준다고 꼭 그들이 나의 상품을 구매하는 것은 아니다. 하지만 나는 이렇게 모인 사람들에게 내가 특강을 열 때마다 단체메시지를 보내고 있다. 즉 마케팅 창구로도 사용이 가능하다는 것이다. 이들은 이미 내 상품에 대해 관심을 가지고 연락한 만

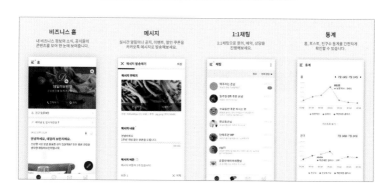

사용환경 안드로이드, 아이폰	리뷰 점수 3.0 ★
다운로드 수 100만 이상	난이도 ★★★☆☆
활용도 ★★★★☆	활용방법 〈카카오톡〉을 통한 비즈니스, 1:1 대화,
	고객 관리 및 통계 확인

큰 나의 메시지에 다른 사람들보다 반응할 확률도 높은 것이다.

이렇듯 카카오톡 채널은 단순 마케팅을 넘어 고객관리부터, 우리 회사의 소식 그리고 신제품 정보까지 이미 나에게 관심 있는 사람들에게 전하는 강력한 마케팅 방법인 것이다. 또한 하나의 계정으로 여러 개의 비즈니스 계정을 만들어 목적에 따라 분류하여 사용할 수도 있다. 그러면 〈카카오톡 채널 관리자〉 앱의 사용방법을 알아보도록 하자.

〈카카오톡 채널 관리자〉 설치방법 🔍

1 구글 플레이 스토어 또는 앱 스토어 접속

2 '카카오톡 채널 관리자' 검색

3 '설치' 탭하여 설치

4 〈카카오톡 채널 관리자〉앱 실행

〈카카오톡 채널 관리자〉사용방법 🔍

채널 개설하기

1) 자신의 카카오톡 계정으로 로그인 후 **새 채널 개설하기**를 탭하자.

 2) 이제 채널을 생성하기 위해 필요한 정보를 입력하기만 하면 채널이 만들어진다. 아래 내용을 참고하여 각 항목 맞게 정보를 입력한 후 하단의 **새 채널 만들기**를 탭하면 채널이 개설된다.

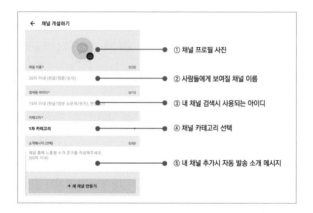

① 프로필 사진(선택): 나 또는 회사를 알릴 수 있는 메인 사진 등록.

② 채널 이름: 이 카카오톡 채널이 다른 사람들에게 보여질 이름 입력.

③ 검색용 아이디: 〈카카오톡〉에서 나를 검색할 때 사용하는 아이디로, 나의 회사 정보를 나타내면 좋다. 또는 채널 이름과 동일하게 하는 것도 좋은 방법이다.

④ 카테고리: 해당 채널은 비즈니스 채널인 만큼 나와 또는 운영하려는 회사와 관련된 카테고리를 선택해주면 된다.

⑤ 소개 메시지(선택): 소개 메시지는 나를 친구추가 하면 자동으로 발송되는 메시지이다. 해당 카카오톡 채널이 어떤 역할을 하는지 알려주면서 그들이 편안하게 메시지를 남길 수 있도록 유도하는 메시지를 작성하면 좋다.

(소개 메시지 예시: "안녕하세요. ○○컴퍼니입니다.^^ 궁금하신 사항이나 도움이 필요하신 부분을 저희에게 알려주세요. 최대한 빠르게 성심 성의껏 답변 드리겠습니다. 오늘하루도 즐거운 하루 보내세요. 상담운영시간: 08:00~18:00 ※ 상담 외 시간에도 편안하게 메시지를 남겨주세요. 확인 후 상담시간에 답변 드리겠습니다.")

채널 세팅하기

이렇게 채널이 만들어지면, 앱 접속 시 방금 만든 채널로 접속이 된다. 별도로 채널을 세팅하지 않아도 사용할 수 있지만, 잠재고객들에게 좀 더 전문적인 느낌을 주기 위해 간단하게나마 꾸미는 것이 좋다.

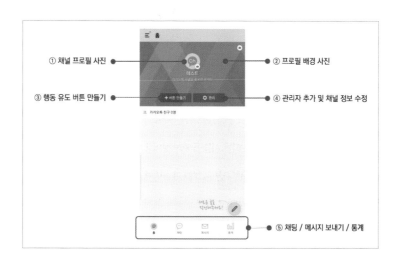

①,② 프로필 사진 및 배경사진 세팅하기

프로필 사진은 총 2개로 이루어져 있다. 이는 〈카카오톡〉과 동일하게 생각하면 된다. 하나는 채널 프로필 사진이며 하나는 프로필 배경사진이다. 각 영역은 〈카카오톡〉과 동일하게 탭하면 수정할 수 있다.

③ 고객 행동유도 + 버튼 만들기

나를 검색하면 첫 화면에 표시되는 버튼으로 고객의 행동을 유도할 수 있는 영역이다. 내가 원하는 방법에 따라 전화부터 제품구매 또는 내

가 원하는 사이트로 바로 이동시킬 수도 있다. 원하는 목적에 따라 버튼

을 활용하면 된다.

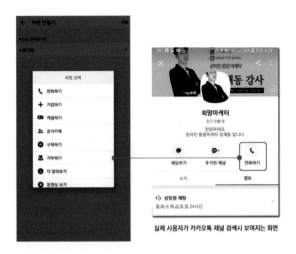

실제 사용자가 카카오톡 채널 검색시 보여지는 화면

④ 관리자 추가하기 및 계정 정보 수정하기

카카오톡 채널은 여러 명이 동시에 관리할 수 있다. 별도 담당자 지정

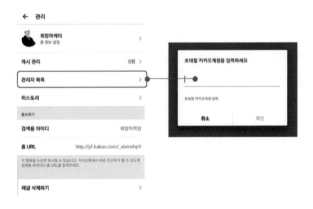

이 필요하다면, 계정은 나의 계정으로 만들고 운영 담당자를 관리자로 초대하면 된다. 또한 이곳에서 처음 계정을 개설할 때 입력된 정보들을 확인할 수 있고 수정도 가능하다.

뿐만 아니라 홈페이지, 블로그, 쇼핑몰 등에서 내 카카오톡 채널로 바로 연동할 수 있는 위젯(링크)도 확인할 수 있다.

홈 URL	http://pf.kakao.com/_xixmxhpV

문의를 원하는 고객에게 이 링크를 직접 전달해도 되고 홈페이지나 쇼핑몰 및 블로그 등을 운영한다면 잘 보이는 곳에 문의하기 위젯을 만들어 사용하면 좋다. 또는 본문에 링크를 삽입할 수 없는 〈인스타그램〉에서 고객들이 쉽게 문의할 수 있도록 프로필에 링크를 삽입해주는 것도 좋은 방법이다.

TIP 〈인스타그램〉은 프로필 영역에서만 링크를 사용할 수 있다.

⑤ 채팅, 메시지, 통계 활용하기—고객과 채팅하기

카카오톡 채널의 답변은 실제 카카오톡이 아닌 지금 설명하고 있는 카카오톡 채널 '채팅' 영역에서만 답변이 가능하다. PC에서도 〈카카오톡 채널 관리자센터〉로 접속 후 답변할 수 있다.

⑥ 채팅, 메시지, 통계 활용하기-고객에게 단체 메시지 보내기

카카오톡 채널에서 가장 유용한 기능 중 하나이다. 내 채널을 친구 추

가한 사람들에게 메시지를 보낼 수 있는 기능이다. 여기에서 먼저 카카오톡 채널의 특징을 알아보면, 카카오톡 채널은 일반 카카오톡처럼 내가 먼저 대화를 걸 수 없다. 대화는 상대방이 나에게 먼저 메시지를 보냈을 때만 가능하다.

즉 내가 상대방에게 메시지를 보내고 싶다면, 지금 설명하고 있는 메시지 기능을 통해서만 메시지를 전달할 수 있다. 이것만 보면 조금은 불편해 보일 수 있지만 카카오톡 채널은 지인들끼리 대화를 나누라고 만든 것이 아닌 비즈니스 목적으로 활용하라고 만든 것이기 때문에 일반 카카오톡 사용자가 불편함을 느낄 수 있는 부분을 미리 방지한 것이니 당연하게 받아들이도록 하자. 메시지를 보내는 방법은 그다지 어렵지는 않다. 각 항목에 전달하고 하는 내용을 입력하기만 하면 된다.

메시지 꾸미기: 전달하려는 이미지 삽입

메시지 내용: 전달하려는 메시지 입력

메시지 버튼: 원하는 사이트로 이동, 구매 등 행동유도 버튼 추가

전달하고자 하는 콘텐츠가 완성이 되었다면, 마지막으로 전달하고자 하는 타깃 설정을 하면 된다. 보통은 전체 친구를 대상으로 발송하지만, 카카오톡 회원가입 시 사용된 **인구 통계학적 정보 타깃팅**을 통해 OS 및 성별과 연령대별 설정도 가능하다.

카카오톡 채널 메시지의 가장 큰 장점은 내가 원해서가 아니라 상대방이 필요에 의해서 나를 친구추가 하고 메시지를 보낸 것인 만큼 이들은 내가 보낸 메시지에 반응할 확률이 높다.

예를 들어 내가 온라인에서 상품을 판다면 나에게 문의한 사람들은 내 제품에 관심이 있는 사람들일 것이다. 하지만 이들 모두가 구매로 전환되지는 않는다. 원하는 정보가 없어서일 수도 있지만 나중에 구매해야지라고 생각하고 구매를 안 할 수도 있고 다른 제품을 좀 더 찾아보다가 시간이 지나면서 자연스럽게 구매로 전환이 안 되는 경우도 상당히 많다. 하지만 이들에게 다시금 정보와 구매 목적을 상기시켜준다면 이들은 나의 고객이 될 확률이 굉장히 높다는 것이다. 때문에 마케팅의 기본은 신규고객 창출도 중요하지만 이미 나에게 온 사람들을 놓치지 않는 것도 매우 중요하다는 것을 잊지 말도록 하자.

PART 5

이것만 알면
50대도 콘텐츠 제작 전문가!

내 손안의 콘텐츠 디자이너 활용백서

스마트폰이 처음 나왔을 때 스마트폰의 등장만으로도 많은 변화가 있었다면 이후부터는 스마트폰 안의 기능들과 앱들이 더욱 진화함으로 우리의 삶에 거대한 영향을 끼치고 있다는 것을 알 수 있다. 이로 인해 이제까지 기업들의 영역이었고 전문가들의 영역이었던 다양한 분야들이 이제는 전문가가 아니더라도 1인이 혼자서 할 수 있는 영역까지 오고 만 것이다. 이에 따라 1인 기업, 1인 창업이 많이 생기고 있고, 소화할 수 있는 것이다. 그러면 현재 1인 창업으로 가장 급부상한 직업은 무엇일까? 바로 1인 크리에이터이다. 현재의 초등학생의 장래희망 순위 2위가 '1인 크리에이터'라니 더 할 말이 있을까?

이는 인터넷과 스마트폰의 대중화가 된 오늘날이 개인의 목소리를 가장 크게 낼 수 있는 시대이며 그로 인해 많은 기회를 만들 수 있는 시기이기 때문이다. 기존까지 방송이 연예인의 전유물이었다면 이제는 누구나 콘텐츠만 있다면 방송을 시작할 수 있게 되었고 나를 알릴 수 있게 되었다. 이에 영향을 받고 자라는 현재의 초등학생들의 꿈이 유튜버나 크리에이터가 되는 것이 이상하지 않다는 것이다.

그러면 누구나 유튜버나 크리에이터가 되면 성공할 수 있을까? 당연히 아니다. 이곳에서도 가장 중요한건 나를 얼마만큼 브랜딩하여 보여주냐에 따라 달려 있는데 나를 나타내야 살아남는 온라인이라는 매체는 남들과는 다르게 누구보다 빠르게 나를 브랜딩할 수 있는 요소를 필요하다. 그리고 그 요소에 필요한 것이 바로 사진과 영상인 것이다.

그렇다면 끌리는 사진, 매력 있는 영상은 전문가들만이 할 수 있는 영역일까? 불과 몇 년 전만 해도 홍보를 위해 전단지를 만들거나 명함을 만들거나 또는 온라인 판매를 위한 상세페이지를 만드는 일 등은 모두 전문가들의 영역이었다. 하지만 지금은 어떠한가? 디자이너 출신이 아니라도 포토샵을 할지 몰라도 앱 등을 통해 누구나 손쉽게 콘텐츠를 만들고 활용하고 있다는 것이다. 몇 년 전까지만 해도 전문적이고 좋은 장비를 구매하면 더 좋은 퀄리티의 사진과 영상을 만들 수 있는 것은 사실이었다. 또한 지금의 시점에서도 분명 고가의 장비를 이용하면 더 좋은 콘텐츠가 나오는 것도 사실이다. 하지만 여기서 중요한 것은 우리가 흔히 예전에 전문가의 영역이라고 말하던 정도의 퀄리티가 지금은 스마트폰만으로도 가능하다는 말이다.

스마트폰의 발달, 다양한 앱의 등장으로 우리가 가지고 있지 않은 전문가의 스킬적인 부분은 앱들로 얼마든지 대체할 수 있게 되었다. 즉 이제는 스마트폰 자체도 높은 수준의 사진기술을 탑재하고 있기 때문에 정밀한 표현을 해야 하는 사진 및 영상 아니라면 스마트폰만으로도 충분히 높은 퀄리티의 콘텐츠를 만들 수 있다는 말이다.

그렇다면 이제 간단한 콘텐츠 제작들은 어떤 업체에 의뢰할까가 아니라 어떤 앱을 활용해야 할까를 고민해야 한다. 그래서 이번 챕터에서는 다양한 사진 및 콘텐츠 제작 앱 중 활용 목적에 따라 사용할 수 있는 앱들에 대해 알아보도록 하자.

APPLICATION 1

인생사진 만들어주는 여행작가 감성 앱

@picn2k

사람들이 좋아하는 사진의 트렌드가 변했다. 예전에는 사진 속 아름다운 외모에 열광했다면 이제는 사진에 찍힌 사람의 외모보다도 사진에 담긴 전체적인 라이프 스타일을 동경하고 팬심으로 좋아하는 사람들이 많아졌다. 그러니 더욱 있어빌리티 하고, 있어 보이고, 아름다워 보이고, 멋있어 보이는 사진을 찍으려면 기본 카메라보다는 사진보정 앱을 활용해 찍는 것이 효과적이다.

일상 속 특별한 순간, 멀리 떠난 여행지가 아니더라도 남기고 싶은 일상의 여행 같은 순간이 있다. 그 순간은 단순한 사진이 아니라 시간의 추억을 함께 담고 있기 때문에 더욱 특별한 것이다. 이 순간을 여행작가가 찍어준 것처럼 더욱 특별하게 만들 수 있다면 얼마나 좋을까!

작가가 찍어준 사진이 왜 그토록 멋진가를 생각해보면 바로 특유의 색감 때문인 경우가 많다. 사진작가들은 작가들 나름의 고유한 값으로 사진을 보정하는데, 맛집에 비법소스가 있듯이 사진작가들에게도 특별한 보정비법이 있는 것이다. 그 비법은 고유의 개성이며 지적자산이기에 알려주지 않는다. 말 그대로 '비법'이니까. 하지만 이 비법을 몰라도 언제 어디서든 여행작가가 찍어주는 것 같은 감성을 담아낼 수 있는 앱이 있다. 바로 ⟨@picn2k⟩이다.

⟨@picn2k⟩는 인스타그램에서 가장 사랑받는 여행사진 작가가 자신의 촬영 비법을 앱으로 활용할 수 있게 만들어져 유명해진 앱이다. 단 하나의 단점은 바로 유료라는 점이다. 그럼에도 불구하고 많은 사람들이 사용하는 이유는 그만한 가치가 있기 때문이다.

⟨@picn2k⟩은 사진 유료 앱 순위에서 감성적인 필터로 늘 1위부터 상위의 순위를 차지했던 ⟨아날로그⟩ 시리즈의 아성을 무너트리고, 앱 스토어 인기차트 유료 앱 분야 1위와 1만 건 이상의 높은 고객 평가로 가장 사랑받는 사진 촬영 앱 중 하나이다. 또한 ⟨@picn2k⟩ 앱의 가장 큰 장점은 실제 작가가 찍은 듯 사진의 느낌을 감각적이고 트렌디한 많은 필터를 통해 재현해준다는 것이다. 아울러 작가의 비밀 레시피로 만들어진 필터와 함께 팬들이 가장 궁금해하는 작가의 보정 노하우도 매달 업데이트되어 제공되기 때문에 질리지 않고 누구나 전문가처럼 사진을 찍을 수 있다.

사용환경 안드로이드, 아이폰 **리뷰 점수** 4.7 ★

다운로드 수 1만 이상   **난이도** ★☆☆☆☆

활용도 ★★★★★   **활용방법** 여행작가가 만든 감성적인 필터 효과를 통해

SNS스타일의 감성적인 콘텐츠로 만들어준다.

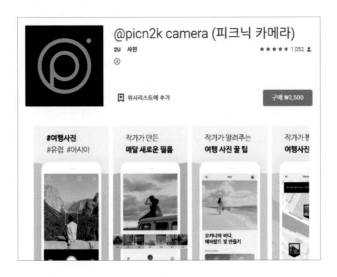

\<@picn2k\> 설치방법   🔍

1 구글 플레이 스토어 또는 앱 스토어 접속

2 '@picn2k' 검색

3 '설치' 탭하여 설치

4 〈@picn2k〉앱 실행

\<@picn2k\> 사용방법   🔍

앱 실행 시 새로 업데이트 된 그달의 필름의 소개와 함께 보정된 이미지가 보여진다. 실행 시 사진촬영을 바로 하고 싶다면 설정을 통해 변경할 수 있다. 좌측부터 홈 버튼, 사진촬영 버튼, 앨범 버튼이다.

〈@picn2k〉를 통해 기본 사진을 인스타그램 감성 사진으로 편집하기

[제품촬영 및 개인 이미지를 감성 스타일의 사진으로 편집]

앨범 버튼을 눌러 편집하고자 하는 사진을 선택하여 불러온다. 원하는 사진을 선택하면 보이는 화면 가운데 있는 **EDIT** 버튼을 누르면 앱에서 제공하는 다양한 이미지 보정 툴을 볼 수 있다. 이중 가장 좌측의 **FILM** 버튼을 통해 〈@picn2k〉가 제공하는 필터를 볼 수 있고, 마음에 드는 필터를 선택하여 적용한 후 필터를 한 번 더 탭하면 적용된 효과의 설정값을 변경할 수 있다.

12월에 제공된 '모스크바 필름'을 적용하여 원본사진에 더욱 감성적인 느낌을 더해 SNS 채널용 이미지를 만들었다. 필터를 한 번 더 터치하면 나오는 설정 버튼을 통해 필터의 분위기를 더 강하게 혹은 더 여리게 변경할 수 있다.

완성된 이미지는 하단의 동그라미 버튼을 누르면 저장할 수 있는 창이 나오고 확인 버튼을 누르면 카메라 앨범에 저장된다.

매일 찍는 일상의 사진, 더 있어 보이게, 더 맛있어 보이게!

푸디

제작해야 하는 콘텐츠의 카테고리가 다양해졌다. 사람들은 빠르게 흥미를 잃어버리고 자꾸만 새로운 것을 원한다. 새로운 콘텐츠를 제작할 때마다 우리는 늘 새로운 이미지가 필요하다. 내가 찍은 사진을 콘텐츠의 재료로 활용할 경우 후기 같은 느낌을 주기 때문에 가장 추천하는 편이다.

하지만 보여지는 것들을 중요하게 생각하는 비주얼 콘텐츠에서는 엉망으로 찍은 사진이 전체적인 콘텐츠의 질을 떨어뜨릴 수 있기 때문에 기왕이면 멋지고 예쁘게 찍는 것이 효과적이다.

간단하게 이야기하면 우리가 인스타그램에서 음식 사진을 봤을 때 맛있어 보이는 음식 사진과 맛없어 보이는 음식 사진 중 어떤 것에 더 반응이 가는지를 생각하면 쉬울 것이다. 즉 온라인은 실제로 접하는 것이 아닌 사진이나 영상으로 보는 만큼 여기에서 사람들이 먹고 싶게, 사고 싶게, 가고 싶게 만들어야만 효과를 볼 수 있다.

이때 일상적인 사진을 좀 더 높은 퀄리티로 만들어주는 데 활용하기 좋은 앱이 바로 〈푸디〉이다. 〈푸디〉는 원래 음식사진 전용 보정필터 앱으로 유명세를 탄 앱이지만 지금은 확장하여 "일상을 맛있게"라는 슬로건을 걸고 음식이든 일상의 어느 순간이든 순간을 최대한 잘 담아내고 분위기를 살릴 수 있는 필터를 제공하고 있다.

〈푸디〉의 가장 큰 장점은 기본적으로 제공되는 라이브 필터 30종이 굉장히 훌륭한 퀄리티를 갖고 있다는 점이다. 우리나라 사람들이 가장

사용환경 안드로이드, 아이폰	**리뷰 점수** 4.4 ★★★★☆
다운로드 수 1.5만 이상	**난이도** ★☆☆☆☆
활용도 ★★★★★	**활용방법** 일상 모든 순간의 이미지와 동영상을 30여 종
	의 라이브필터를 통해 가장 최적화

많이 찍는 인증샷 중 하나가 음식사진 아닌가. 〈푸디〉는 기본적으로 음식사진은 물론 일상의 어느 곳에서 찍어도 이질감 없이 더 좋은 사진의 퀄리티로 올려줄 수 있는 필터의 색감을 장착하고 있다. 만약 일상적인 사진을 좀 더 높은 퀄리티의 사진으로 찍고 싶다면 〈푸디〉를 사용해보기를 추천한다.

〈푸디 카메라〉 설치방법 🔍

1 구글 플레이 스토어 접속

- -

2 '푸디' 검색

3 '설치' 탭하여 설치

4 〈푸디〉앱 실행

〈푸디 카메라〉 사용방법 🔍

〈푸디〉의 사용방법은 굉장히 직관적이다. 앱을 실행하면 바로 촬영할 수 있는 화면이 보여지기 때문에 바로 피사체를 촬영할 수도 있으며 탑 뷰(스마트가이드) 기능이 있어 편리하다.

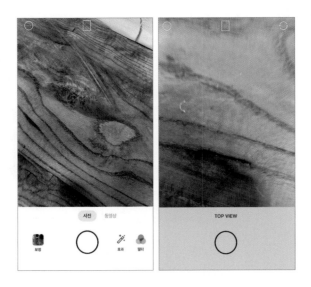

〈푸디〉의 필터는 다양한 이미지의 촬영이나 편집에 유용하도록 카테 고리별로 나뉘어져 있다. 인물, 음식, 실내, 풍경의 필터 카테고리 내에 서 사진에 가장 적합한 필터를 골라 사용할 수 있도록 되어 있다.

촬영이 아닌 저장된 사진의 변경을 원하는 경우에는 왼쪽 하단의 앨범 버튼을 눌러 보정하고 싶은 사진이나 영상을 선택한 뒤 오른쪽 하단의 편집 버튼을 누르면 다양한 필터를 확인할 수 있고 맘에 드는 필터를 선택하여 변경할 수 있고 선택 시 사진 하단에 뜨는 버튼을 좌우로 조절하여 효과 적용의 범위를 설정할 수 있다.

이 외에도 그리드를 설정하여 피사체의 균형을 바르게 잡아 보다 전문적인 결과물을 만들 수 있는 촬영 상태를 도우며 세부설정에는 거울 모드나 위치정보 원본저장 타이머와 상황에 따라 사용할 수 있는 무음 설정 등 다양한 편의성을 제공하는 기능 등을 보유하여 사용자의 편의성을 높였다고 볼 수 있다.

콘텐츠 이미지 색감 보정 및 나만의 필터 저장방법

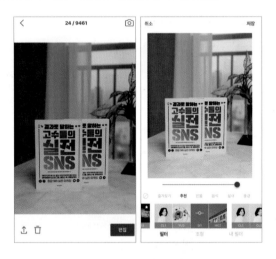

앨범을 열어 보정을 원하는 사진을 선택한 후 마음에 드는 필터를 선택하거나 추천 영역에 뜨는 필터를 통해 적합한 필터를 선택하여 적용한다. 필터 적용 후 상단에 뜨는 버튼을 이용하여 필터 적용의 강도를

알맞게 조절할 수 있는데, 이때 보정하는 이미지에 따라 필터의 값을 적절하게 하여 인위적이지 않도록 하는 게 중요하다.

필터가 적용된 상태에서 한 번 더 필터 옆의 조정 버튼을 누르면 보정된 사진을 다시 한 번 세부적으로 변경할 수 있는 버튼이 있어 세밀한 편집이 필요할 때 활용할 수 있다. **선명하게**를 통해 조금 더 뚜렷한 이미지를 만들어준 후 그림자로 주변을 조금 더 어둡게 처리해 피사체를 돋보이게 만들어준 후 **배경 어둡게**를 적용해 완성시킨다.

조정 버튼 옆의 내 필터를 탭하면 보관함을 통해 마음에 드는 필터 또는 세부적으로 만진 필터의 효과 그대로를 보관하여 추후에 따로 적용할 수 있는데 사용법은 간단하다. 이전의 단계를 걸쳐 세부적으로 효과가 조정된 이미지 하단 아래에 있는 **추가** 버튼을 누르면 새롭게 나만의 필터가 저장된 것을 알 수 있으며 나만의 필터를 통하여 오로지 내가 만

든 나만의 색감 필터를 지속적으로 사용할 수 있어 콘텐츠를 제작하는 재미를 소소하게 누릴 수 있다.

이미지 저장은 상단의 **저장** 버튼을 통해 카메라 앨범으로 저장할 수 있다. 동영상도 위와 같은 방법으로 필터를 적용하여 터치 한 번으로 수 정할 수 있어 매우 간편하다.

완성   이전

APPLICATION 3

오직 상품 촬영만을 위한 전문 앱

스토어카메라

큰돈을 들이지 않고 시작할 수 있는 사업이 있다면 가장 먼저 떠오르는 것은 아마도 '온라인 쇼핑몰 창업'일 것이다. 전문적인 쇼핑몰이 아니더라도 SNS 채널을 통해 판매하는 사람들은 시간이 갈수록 많아졌다. 흐름을 살펴보면 처음에는 블로그를 통해 제품을 판매하는 블로그 공구를 시작으로 이후는 블로그의 광고에서 싫증난 사람들이 옮겨간 인스타그램 채널에서도 판매를 하는 사람들이 생겨났으며, 현재는 인스타그램 내에 자체적으로 샵이라는 카테고리가 생겨 제품을 판매하는 것이 더욱 어렵지 않게 되었고, 샵 채널이 아니더라도 제품사진과 설명을 피드에 올려 판매하는 이들이 상당히 많다는 것을 알 수 있다.

이처럼 2019년 현재는 온라인 쇼핑몰 창업에 대한 기회가 더 많아졌다고 볼 수 있다. 네이버 자체에서 제공하는 커머스 영역인 스마트스토어를 통해 온라인 창업을 꿈꾸거나 도전하는 사람들도 많아졌고 특정한 사람만 판매를 하던 이전의 시대와는 다르게 누구든 좋은 제품을 판매할 수 있고 또 구매하기 때문에 누구든 1인 1쇼핑몰 채널을 하나쯤은 가지고 있는 시대라고도 볼 수 있을 것이다.

상품 판매를 위한 채널을 오픈하고 가장 먼저 겪는 어려움을 꼽자면 판매할 제품의 사진이다. 비교적 간편하게 판매할 수 있는 SNS 채널에 올리는 제품의 이미지만 하더라도 보여지는 비주얼 콘텐츠로 승부를 봐야 하는 온라인 시장에서는 대충 찍어서는 아무리 좋은 제품이라고 하더라고 제대로 판매가 될 수 없다. 쇼핑몰 영역으로 넘어와서는 어떤가. 더욱 전문성이 필요해진다. 상세페이지를 제작하거나 이벤트 페이지, 섬네일을 작업할 때는 판매하는 제품의 장점이 가장 잘 부각된 이미지가 반드시 필요하다.

이런 제품 사진 촬영을 전문적으로 해주는 업체가 많기는 하지만 매번 바뀌는 제품사진을 찍으려면 비용도 많이 들고 시간도 직접 하는 것보다는 길게 소요된다. 특히 처음 사업을 시작하는 소상공인 및 프리랜서라면 업체에 제작 의뢰하는 것이 비용적인 부분에서 더욱 부담이 될 수밖에 없다. 이때 사용할 수 있는 앱이 바로 상품 촬영이 가장 필요한 이커머스 셀러들을 위해 제작된 앱인 〈스토어카메라〉이다.

〈스토어카메라〉를 사용하여 개인 SNS 채널에서 판매하는 간단한 제품 사진부터 온라인 쇼핑몰에 필요한 보다 전문적인 사진까지 보다 쉽게 사진을 촬영할 수 있도록 만들어준다. 즉 고급카메라가 없어도 전문 보정 프로그램이 없어도 가장 효율적으로 상품을 촬영할 수 있다는 것이다.

만약 1인 창업자거나 부업으로 온라인에서 상품을 판매하려고 계획 중이라면 너무 겁먹지 말고 스토어 카메라를 통해 직접 상품 페이지를 만들어보도록 하자. 또한 앱 안에 있는 스토어의 카테고리에서는 연동하여 제품을 판매하거나 스토어별로 입점신청을 할 수 있도록 안내가 되어 있어 다양한 용도로 활용할 수 있으니 참고하도록 하자.

사용환경 안드로이드, 아이폰 **리뷰 점수 4.1 ★★★★☆**

다운로드 수 1천 이상   **난이도 ★☆☆☆☆**

활용도 ★★★★★   **활용방법** 판매에 필요한 제품 사진을 전문 카메라나 고급 보정 기술이 없어도 전문적으로 찍을 수 있다.

<스토어카메라> 설치방법   🔍

1 구글 플레이 스토어 접속

2 '스토어카메라' 검색

3 '설치' 탭하여 설치

4 〈스토어카메라〉앱 실행

〈스토어카메라〉사용방법 🔍

〈스토어카메라〉는 촬영된 이미지를 불러와 편집을 할 수도 있고, 상품 촬영에 적합한 카메라 모드를 통하여 이미지를 바로 촬영하여 사용할 수도 있다.

카메라 모드는 상품촬영에 적합하도록 다양한 툴이 제공되며(화이트 밸런스, HD, 노출, 밝기, 조명, 대조, 채도, 온도, 색조, 선명도) 외에도 필터를 기본적으로 제공해주기 때문에 상세한 편집이 가능하다.

한 장소에서 촬영하는 경우가 많은 상품촬영을 위해 집이나 사무실 촬영장 등 동일한 장소에서 촬영과 보정 후 필터로 등록하여 이후에 똑같은 장소에서 촬영 시 같은 느낌의 이미지로 원클릭 보정이 가능하다.

카테고리 중 템플릿 영역을 탭하게 되면 기본적으로 스토어카메라 앱에서 제공하는 다양하게 제작된 템플릿 소스들을 볼 수 있는데 상품페이지부터 섬네일 이미지 및 프로모션용 배너 등 상품 판매에 필요한 다양한 템플릿을 제공하다.

요즘의 트렌드를 반영한 이미지 템플릿부터 〈인스타그램〉 기본 사이즈인 1:1의 사이즈 템플릿, 패션이나 코스메틱 등 업종별로 제공되는 다양한 템플릿을 확인할 수 있다. 원하는 콘셉트와 맞는 이미지 템플릿을 탭한 후 이미지와 텍스트를 내가 판매하는 브랜드로 바꿔서 사용하면 된다.

배경 제거하기 (누끼 따기)

포토샵 등 전문적인 편집 프로그램을 사용하지 않으면 작업하기 힘든 배경 제거. 깔끔한 상품 컷이 필요할 때 〈스토어카메라〉에서는 탭 한 번으로 인공지능 기반의 기술을 통해 빠르게 이미지의 불필요한 배경을 제거하거나 다양한 색의 배경으로 바꿀 수 있다. 세부적으로 영역을 지정하거나 털과 같이 세밀한 부분은 따로 조절할 수 있으며 제거 후 경계 흐리기 등의 기능을 통해 보다 완성도 높은 결과물을 얻을 수 있다.

① 배경화면을 지우고 누끼 컷을 만들고 싶은 이미지를 〈스토어카메라〉의 카메라로 촬영하거나 앨범에 있는 이미지를 불러온 후 배경 제거 버튼을 누른다.

② 표시되는 영역 지정의 안내에 따라 배경을 제거할 범위를 선택한 후 **Apply** 버튼을 눌러 배경 제거 기능을 적용한다. 깔끔하지 않은 부분 은 지우개를 통해 다시 제거해줄 수 있다.

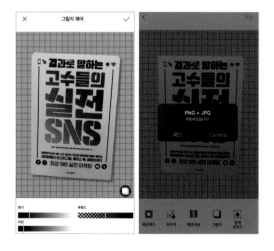

③ **그림자** 버튼을 통해 완성된 누끼 컷 이미지에 그림자 효과를 줄 수

있다. 저장을 누르면 PNG 파일과 JPEG 파일로 카메라 앨범에 저장할 수 있다.

빠른 보정 기능

이미지를 상세하게 편집하여 원하는 필터로 커스텀할 수 있으며 이 필터를 저장해두었다가 바로 활용할 수 있다. 동일한 촬영 장소에서 사용한다면 제품 이미지의 톤의 달라지지 않아 후작업 없이 바로 활용할 수 있다.

APPLICATION 4

SNS에서 좋아요를 부르는 멋진 색감 사진 만들기

라이트룸

사진작가들의 사진이 특별한 이유는 여러 가지가 있겠지만, 무엇보다
저마다 가지고 있는 고유한 색감이나 표현, 분위기 등이 결과물의 차이
를 만들기 때문이다. PC에서 사용하는 〈어도비 라이트룸〉은 사진의 색
감 편집이나 보정 시 많은 사람들이 사용하는 편집 프로그램이다. 프리
셋을 통하여 사진의 색감을 빠르고 편하게 조절할 수 있으며 고유한 프
리셋 값 또는 보정방법은 곧 그들만의 노하우라고 볼 수 있다.

이전의 시대보다 스마트폰의 카메라가 상향평준화되어 이제는 카
메라가 없어도 멋진 사진을 찍을 수 있고, 그에 맞춰 PC로 하던 전문적
인 편집을 모바일 버전의 〈라이트룸〉 앱을 통해 보정할 수 있게 되었다.
〈라이트룸〉은 주로 배경이 잘 보이는 여행사진에서 그 효과를 여과 없
이 발휘할 수 있다. 이미지 기반의 SNS 채널인 인스타그램은 아무 생각
없이 소비하는 채널이다. 때문에 많은 콘텐츠 중 내가 작성한 콘텐츠를

보게 하려면 누구든 한눈에 끌리는 이미지를 올려야 한다. 이때 〈라이트룸〉으로 편집한 이미지는 이처럼 한눈에 끌리는 이미지 콘텐츠가 될 확률이 높다. 또한 나만의 고유한 색감을 꾸준하게 콘텐츠에 입혀 유지하게 되면 자연스럽게 콘텐츠의 톤 앤 매너를 완성할 수 있다.

대표적인 예로 광명시와 깅지니스튜디오를 꼽을 수 있겠다. 톤을 맞춰 피드를 올렸을 때는 전체적인 분위기를 통일되게 잡을 수 있어 운영하고 있는 채널의 분위기나 표현하고자 하는 느낌을 빠르게 보여줄 수 있다.

광명시 채널의 경우 지자체에서 운영하는 채널이기 때문에 재미없다

사용환경 안드로이드, 아이폰	**리뷰 점수** 4.7 ★★★★★
다운로드 수 1만 이상	**난이도** ★★★☆☆
활용도 ★★★★★	**활용방법** 전문가형 이미지 촬영 및 편집

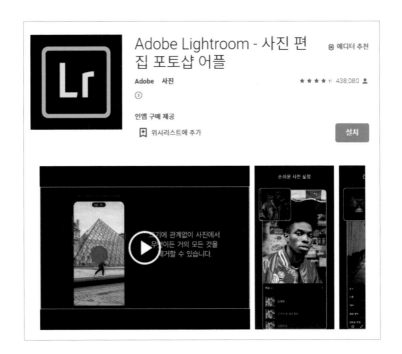

는 인식이 강하여 사람들의 흥미를 불러일으키기 힘들 것 같지만, 이미지 콘텐츠의 감성적인 색감과 폰트 그리고 문구의 조화가 감성적인 콘텐츠의 좋은 예로서 많은 사람들의 사랑을 받아 2만 명이 넘는 팔로워와 매 게시물마다 높은 참여도의 댓글이 달리는 것을 확인할 수 있다.

사진을 업으로 삼는 스튜디오에서도 이런 고유한 색감의 차이는 차별화된 브랜드이미지를 구축하는 데 큰 도움을 준다. 깅지니스튜디오는 사진마다 자체적인 색감을 적용하였기 때문에 어디서 찍었는지 굳이 적지 않아도 깅지니스튜디오에서 찍었다는 것을 단번에 알아차릴 수 있다. 이처럼 이미지가 가진 하나의 요소를 통해서 얼마든지 콘텐츠 자체를 차별화하고 나를 더욱 돋보이게 만들 수 있다.

〈라이트룸〉 설치방법 🔍

1 구글 플레이 스토어 또는 앱 스토어 접속

2 '라이트룸' 검색

3 '설치' 탭하여 설치

4 〈라이트룸〉 앱 실행

〈라이트룸〉 기능 소개 🔍

〈라이트룸〉은 굉장히 직관적으로 사용할 수 있는 무료 사진편집 앱인 동시에 카메라 앱이며 학습도구로도 사용할 수 있다. 그중 사진편집은 무료 버전과 유료 프리미엄 버전으로 나뉘어져 있다. 처음에는 무료로 활용할 수 있는 툴로도 충분하기 때문에 사용해보고 차후에 유료 버전 으로 업그레이드할 것을 추천한다.

　〈라이트룸〉은 사진편집에 필요한 다양한 툴을 갖추고 있고, 조금만 익숙해지면 누구나 멋진 결과물을 얻을 수 있다는 장점이 있다. 기본적 인 툴 사용법을 숙지하고 유용한 학습 기능을 통해 다른 이들의 노하우 를 공부할 수 있다. 나만의 스킬을 익혀 멋진 결과물을 만들어보자. 먼 저 무료 버전에 있는 기본적인 툴을 살펴보도록 하겠다.

프로필 버튼

별도의 세부적인 작업 없이 한 번의 터치만으로 사진을 다양한 효과로 드라마틱하게 변화시킬 수 있다. 기본(2개), 빈티지(10개), 예술 효과(8개), 현대식(10개), 흑백(17개)의 필터를 사용할 수 있으며 마음에 드는 효과는 즐겨찾기 후 더욱 편리하게 활용할 수 있다. 〈라이트룸〉은 전문가용 사진편집 앱답게 풍부한 색감을 잘 살릴 수 있는 다양한 느낌의 필터를 제공하고 있다.

곡선 버튼

이미지 편집 도구로 가장 유명한 포토샵에서 사용하는 고급 기술을 〈라이트룸〉 앱의 곡선 버튼 하나로 구현할 수 있다. 더 밝거나 어둡거나 이미지의 톤을 조절할 때 직관적으로 사용할 수 있다.

선명 효과

사진의 선명도를 주는 버튼으로 적용 시 사진이 더욱 입체적이고 생동감 있는 효과를 줄 수 있는데, 터치 한 번으로 원하는 만큼의 선명도를 조절하여 사용할 수 있다.

색상 버튼

이미지의 전체적인 톤을 보정할 수 있는 버튼이다. 여행사진이나 배경이 있는 곳의 사진을 보정할 때 색을 더욱 풍부하게 보정하여 드라마틱한 결과물을 얻을 수 있다.

무료로 활용할 수 있는 툴은 많다. 그런데 〈라이트룸〉은 유료로 활용하기에도 비용이 아깝지 않은 앱이다. 프리미엄 기능은 장소에 구애받지 않고 활용할 수 있는 다음의 기능들을 제공한다.

100GB의 클라우드

100GB의 저장 공간을 제공하기 때문에 원본사진을 백업할 수 있고 다른 모바일 장치와 웹에서도 액세스할 수 있다.

복구 기능

복구 기능은 포토샵의 도장툴이라고 볼 수 있겠다. 복구 기능을 통해 사진에 있는 불필요한 피사체들을 제거하여 원하는 이미지의 결과물을 얻을 수 있다.

선택 조정

선택 편집을 통해 사진을 보다 정밀하게 보정하여 완성도 높은 사진을 완성할 수 있다.

원근 조정

왜곡된 이미지의 원근을 도형 슬라이더 도구를 사용하여 전문적인 기술이 없어도 쉽게 수정 및 조정할 수 있다.

일괄 편집

여러 가지 이미지를 한 번에 선택하여 동일하게 조정 사항을 적용할 수 있다. 빠른 결과물을 얻을 수 있는 기능이다.

〈라이트룸〉 활용방법 🔍

필터 효과 사용

〈라이트룸〉을 통한 가장 빠르고 기본적인 보정방법은 프로필에 있는 필터 효과를 사용하는 것이다. 앱 사용에 익숙하지 않다면 처음에는 필터의 효과와 약간의 후보정을 통해 빠르게 이미지 수정을 할 수 있다. 프로필의 필터는 기본, 빈티지, 예술 효과, 현대식, 흑백 등 크게 5가지로 나뉘어져 있으며, 그 안에 세부적으로 47가지의 효과를 줄 수 있도록 다시 한 번 분류되어 있다.

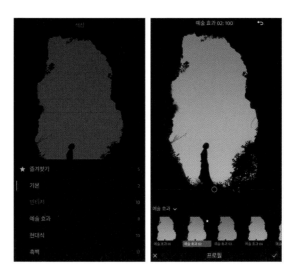

가져오기를 통해 보정하고자 하는 사진을 불러온 후 하단에 있는 버튼 중 프로필을 탭하여 예술 효과에 있는 02번의 필터를 적용하였다.

이미지 뒤로 있는 하늘 배경이 '예술 효과_02번' 필터 적용 후 핑크빛의 로맨틱한 화면으로 변한 것을 알 수 있다. 하단에 있는 동그란 버튼을 이용하여 좌로 움직이면 효과를 약하게 우로 움직이면 더욱 강하게 줄 수 있어 필요에 맞게 적용하며 이미지 콘텐츠를 완성시킨다. 이 상태에서 조금 더 변화를 주고 싶다면 하단에 있는 버튼 중 효과를 주고 싶은 효과를 이용하여 이미지를 조금 더 세부적으로 조정할 수 있다.

색감 보정

〈라이트룸〉을 이용하여 할 수 있는 가장 큰 활용법은 색감 보정이다. 시대별로 유행어가 있듯이 이미지 콘텐츠도 시대별로 유행하는 색감이나 느낌이 다름을 알 수 있는데 요즘 유행하는 이미지 콘텐츠의 색감은 현실보다 더욱 감성적이거나 또는 화려한 색감을 선호하는 걸로 보인다. 이러한 이미지의 색감을 풍부하게 만들어주는 효과를 〈라이트룸〉을 통해서 만들 수 있다.

가져오기를 통해 보정할 이미지를 불러온 후 자동 버튼을 통해 1차적인 이미지 보정을 진행한다. 밝기 버튼을 선택하면 노출과 대비 밝은 영역과 어두운 영역을 하나씩 조절할 수도 있으며 상단에 있는 곡선 버튼을 이용하여 손쉽게 이미지를 원하는 만큼 밝고 어둡게 조정할 수 있다. 이미지의 밝고 어두운 부분을 취향에 맞게 조절한 후 색상 버튼을 눌러보자.

    〈라이트룸〉을 통한 색감 보정 방법은 색상 영역을 통한 곳에서 상세하게 조절할 수 있는데 색온도는 따뜻하게 차갑게 느껴지는 정도를 말하며 색조는 초록색과 빨간색으로 조정한다. 채도와 생동감은 비슷하게 느낄 수 있으나 채도는 사진 전체의 채도를 조정하는 것이고, 생동감은 명암에는 영향을 미치지 않으면서 색을 진하게 만들어주는 것이다. 상단에 있는 혼합 버튼을 누르면 8가지의 컬러와 상세 조절이 가능한 툴을 확인할 수 있다. 다만 인물사진의 경우 피부톤이 노란색 주황색 등의 영향을 받기 때문에 적절히 사용해야 원하는 결과에 가까운 보정을 완성할 수 있다.

    이미지에 있는 전체 컬러 중 선택한 컬러가 들어가 있는 이미지의 영역이 수정되기 때문에 그 부분을 잘 조절하여 보정을 진행하면 드라마틱한 효과를 얻을 수 있다.

예시로 불러온 바다 이미지에서 진한 파란색의 컬러 버튼을 선택한 후 채도를 높여주어 바다의 느낌을 더욱 살린 후 선명하게 효과를 준 후 마무리하였다.

콘텐츠 이미지, 자유롭게 구하고 싶다면!

픽사베이

콘텐츠는 텍스트, 이미지, 동영상의 형태로 만들어진다. 요즘의 시대는 정보 과잉의 시대이기 때문에 사람들이 텍스트보다는 이미지와 동영상 콘텐츠에 더욱 빠르게 반응한다. 이처럼 콘텐츠 제작에 있어서 필수로 있어야 하는 것이 이미지이다.

이미지는 우리가 직접 찍어서 사용하면 제일 베스트다. 인위적이지 않고 후기 같은 느낌과 보다 사실적인 느낌을 전달할 수 있기 때문이다. 하지만 직접 찍을 수 없는 이미지나 간단하게 사용해야 하는 이미지가 필요할 때 주의해야 하는 것은 상업용으로 사용이 가능한가의 여부이다. 상업용 무료 이미지가 아닌 타인의 저작권이 있는 이미지를 잘못 사용할 경우 법적 책임을 물을 수 있는 곤란한 상황이 생길 수 있다. 때문에 콘텐츠 제작에 앞서서 안전한 이미지를 구할 수 있는 방법을 안다면 상당히 도움이 될 수 있다. 그렇다면 이러한 이미지는 어디에서 구할 수 있을까. 추천하는 앱은 바로 〈픽사베이〉와 〈언스플래쉬〉이다.

　상업용으로 사용이 가능한 고퀄리티의 다양한 이미지가 들어 있는 〈픽사베이〉와 〈언스플래쉬〉는 무료로 제공되는 이미지가 맞을까 생각이 들 정도로 퀄리티가 우수하고 화질이 좋은 이미지를 제공한다. 백만 개의 이미지와 일러스트 백터 그래핑 등이 저장되어 있기 때문에 원하는 느낌의 양질의 이미지를 다운받아 사용할 수 있다. 앱뿐만이 아니라 PC에서도 사용이 가능하기 때문에 더욱 활용도가 높다.

　〈픽사베이〉 사이트에 접속 후 '자주 묻는 질문(FAQ)'을 살펴보면 저작권에 관하여 자세하게 설명이 되어 있다. 간단하게 몇 가지만 옮겨보자면 〈픽사베이〉의 이미지를 사용자는 어떠한 허가 요청이나 지불 없이

픽사베이 (pixabay) 🔍

사용환경 안드로이드, 아이폰　**리뷰 점수** 4.1 ★★★★☆

다운로드 수 100만 명　**난이도** ★★★☆☆

활용도 ★★★★★　**활용방법** 무료 이미지 제공

상업적/비상업적 목적으로 이미지를 복사 수정하여 사용할 수 있다. 그러나 '콘텐츠 상표, 광고, 개인정보 보호 권리에 따라 보호될 수 있다'라고 설명되어 있으며 '이미지를 페이스북 혹은 다른 소셜 플랫폼에서 이용할 수 있습니까?'라는 질문에 대해서는 '자유롭게 이용할 수 있다'라고 답하고 있다.

콘텐츠 제작에 필요한 이미지를 다운받아 스마트폰과 PC에서 자유롭게 활용하여 나만의 콘텐츠를 만들어보도록 하자.

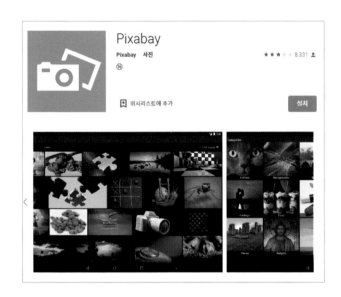

<픽사베이> 설치방법 🔍

1 구글 플레이 스토어 또는 앱 스토어 접속

----

2 '픽사베이' 검색

----

3 '설치' 탭하여 설치

4 〈픽사베이〉 앱 실행

〈픽사베이〉 사용 방법

〈픽사베이〉 앱을 실행시킨 후 화면의 검색창에 원하는 이미지를 표현하는 키워드를 입력하거나 화면을 오른쪽으로 밀어 에디터 초이스의 선별된 이미지를 볼 수 있고, 오른쪽으로 밀면 카테고리별로 분류해놓은 폴더 안에서 선택할 수도 있다.

이미지 검색이 완료되었으면, 사용을 원하는 이미지를 터치한 후 왼쪽 상단의 화살표를 누르면 이미지의 크기를 선택할 수 있는 창이 나오

고, 원하는 사이즈를 선택하면 핸드폰 카메라 앨범에 저장이 된다. 참고로 이미지 검색은 한글보다 영문으로 입력해야 더 많은 이미지를 찾을 수 있다. 〈언스플래쉬〉도 사용방법은 비슷하니 설치 후 직접 활용해보도록 하자.

APPLICATION 6

잘 받아둔 앱 하나가 만들어주는 센스 있는 이미지편집

InShot

사용하는 SNS 채널에 따라 가장 최적화된 이미지의 비율이 다르다. 또한 1:1의 사이즈가 머리에 저절로 그려지는 인스타그램의 이미지 사이즈의 유행이 최근에는 4:5의 사이즈로 바뀌었다. 무심코 사진을 올리려고 보면 사이즈가 잘려서 아쉽거나 다 들어오지 않아서 난감한 경우가 많다. 또한 하나의 사진이 아닌 한 번에 여러 개의 이미지로 합쳐 보여줘야 할 때는 하나씩 보기 좋게 편집하는 게 여간 손이 많이 가는 게 귀찮기까지 했던 상황을 누구라도 한 번쯤 겪어보았을 거라 생각한다. 하지만 보여지는 이미지가 중요한 채널들에서 아무렇게나 이미지를 올린다면 좋지 못한 결과를 가져올 수 있기에 앱의 도움을 받는 것이 좋다. 사진 사이즈를 조절하고 영상의 사이즈를 조절하기에 가장 편하게 사용할 수 있는 앱을 추천하자면 사진과 동영상편집 앱인 〈InShot〉을 꼽을 수 있겠다. 사이즈 편집은 〈InShot〉에 있는 많은 기능들 중 하나이지만 가장 유용하게 활용할 수 있는 기능이다.

InShot(인샷) 🔍

사용환경 안드로이드, 아이폰	**리뷰 점수** 4.8 ★★★★★
다운로드 수 4.6만	**난이도** ★★☆☆☆
활용도 ★★★★★	**활용방법** 사진과 영상편집 앱, 사진 리사이징으로 추천

SMARTPHONE APPLICATION

<InShot> 설치방법 🔍

1 구글 플레이 스토어 또는 앱 스토어 접속

2 '인샷' 검색

3 '설치' 탭하여 설치

4 〈InShot〉 앱 실행

<InShot> 사용방법 🔍

사이즈 줄이기

　〈InShot〉에서 **비디오, 사진, 콜라주** 버튼 중 **사진**을 터치하고 **앨범**이 뜨면 편집하고자 하는 사진을 선택한다. 사진 선택 후 바뀌는 화면 하단에는 쉽게 활용할 수 있는 다양한 편집 버튼이 있다.

이중에서 **캔버스** 버튼을 누르면, 1:1 또는 4:5의 인스타그램 사이즈 외에 16:9, 9:16, 페이스북 사이즈인 4:3을 비롯하여 다양한 이미지 사이즈를 버튼 한 번 터치만으로 쉽게 바꿀 수 있다. 원하는 비율을 체크한 확대 버튼을 누르면 정한 비율의 좌측으로 이미지를 배치할 수 있는 **좌회전**, 비율에 딱 맞게 맞추는 딱 맞게 이미지가 꽉 차도록 맞춰주는 **풀 화**

면, 우측으로 이미지를 배치하는 **권리** 버튼을 통하여 다시 한 번 원하는 대로 조정할 수 있다.

다음 **배경** 버튼을 누르면 사이즈에 따라 생긴 여백에 배경을 넣어줄 수 있는데, 배경은 흐림 정도를 조정할 수 있는 효과와, 컬러를 넣을 수 있는 컬러 효과, 그라데이션 효과를 줄 수 있는 그라디언트 효과, 패턴을 선택할 수 있는 패턴 효과 중 마음에 드는 것으로 선택하여 사용할 수 있다.

사진 콜라주

〈InShot〉 실행 후 나오는 **사진, 비디오, 콜라주** 버튼 중 **콜라주**를 터치하면 1장~9장의 사진을 골라 콜라주를 만들 수 있다는 안내를 볼 수 있다. 화면 하단에 나오는 갤러리에서 편집하고 싶은 사진들을 선택하면 사진들이 합쳐지는 것을 바로 확인할 수 있다. 이때 레이아웃 버튼을 눌러

콜라주하고 싶은 형태를 다시 한 번 정할 수 있고, 세부적으로 이미지를 길게 탭해서 다른 곳에 배치된 이미지와 바꿀 수도 있다. 이미지 선택 후 레이아웃 설정까지 완료했다면 이번에는 경계 버튼을 선택하여 이미지와 이미지 사이의 간격이나 전체 테두리, 라운드의 형태를 한 번 더 세밀하게 조절할 수 있다.

APPLICATION 7

남들 다 하는 브이로그 나라고 못하나! 터치만으로 뚝딱

Vlogr

많은 SNS 인기 채널들을 살펴보면 나의 생활을 누군가에게 알려주거나 혹은 타인의 일상을 보고 싶어 하는 심리를 발견할 수 있다. 우리 주변에서도 누군가의 SNS 채널을 하루에도 수십 번씩 들어가서 보고 부러워하거나 따라하는 이들을 쉽게 볼 수 있다. SNS 채널에 개인의 라이프 스타일을 올리고 공유하며 많은 팬덤을 형성하여 인플루언서가 되거나 그를 통해 브랜딩 혹은 제품판매를 하는 사람들도 많다. 이렇듯 개인의 라이프 스타일이나 콘텐츠를 이미지로 올리는 가장 대표적인 채널이 인스타그램이라면, 동영상 콘텐츠가 특히 더 성행하는 지금은 브이로그가 대세라 할 수 있다.

회사에서 일을 하는 모습이나 친구를 만나 일상을 보내는 평범한 영상들에 사람들이 공감대를 느끼며 호응하고 나오는 다른 직업 또는 상황에 있는 여러 사람들의 라이프 스타일을 공유하며 소통하고 있다. 콘

텐츠 자체가 일상인 브이로그는 하나의 콘텐츠 카테고리로 자리 잡았다고 생각하며 앞으로 더 많은 사람들이 일상의 소소한 부분을 나누기 위해 브이로그 콘텐츠를 시작할 것이라 본다. 영상을 편집하는 다양한 앱이 있지만 오직 브이로그만을 위해 나온 앱인 〈Vlogr〉 앱을 통해 빠르고 쉽게 도전해보는 것은 어떨까.

〈Vlogr〉는 누구나 쉽고 빠르게 트렌디한 영상을 만들 수 있는 앱이다. 영상편집의 가장 기본이라고 할 수 있는 컷 편집을 버튼 하나로 가장 쉽게 할 수 있고, 인기 있는 영상편집의 자막 스타일과 효과음 그리고 배경음악을 통해 전문적인 실력이 없어도 빠르고 쉽게 영상을 편집하고 제작할 수 있도록 만들어준다. 또한 다른 사람들이 만든 브이로그와 앱 내에서 선정한 '이주의 브이로거'를 통해 다양한 편집 스킬을 익힐 수도 있다.

Vlogr(브이로거)

사용환경 아이폰 　　　　　　**리뷰 점수** 4.3 ★★★★☆

다운로드 수 100만 이상 　　　**난이도** ★★★☆☆

활용도 ★★★★★ 　　　　　**활용방법** 브이로그에 최적화된 영상편집 앱

<Vlogr> 설치방법 🔍

1 앱 스토어 접속

2 'Vlogr' 검색

3 '설치' 탭하여 설치

4 〈Vlogr〉 앱 실행

<Vlogr> 사용방법 🔍

앱을 실행한 후 화면 하단에 있는 + 버튼을 누르면 **이어만들기, 새로 만들기, 만들어진 브이로그 업로드** 버튼이 나온다. **새로 만들기** 버튼을 누르면 촬영된 영상을 선택할 수 있으며 촬영된 영상이 없을 경우에는 상단에

있는 카메라 버튼을 이용하여 바로 촬영 후 사용할 수도 있다.

원하는 비디오 앨범을 여러 개 선택한 후 하단에 있는 다음 버튼을 누른다. 영상을 재생하면 동그란 녹화 버튼을 눌러 컷 편집을 할 수 있다. 버튼을 누른 후 한 번 더 버튼을 누르기 전까지 컷 편집이 진행되며 이

와 같은 과정을 반복하여 영상에서 내가 원하는 장면만을 컷 편집 한다.

이후 다음 버튼을 누르면 컷 편집 한 영상들만이 이어진 영상을 확인할 수 있다. 이때 영상과 영상이 이어지는 부분에 표기되는 버튼을 누르면 화면에 적용되는 다른 효과를 줄 수 있고, 텍스트 버튼을 누르면 자막과 효과음을 넣을 수 있는데 자막에 효과음을 함께 설정하여 넣기 때문에 어느 구간만큼 설정할 것인지를 잘 체크해야 한다. 자막 외에 스티커와 음악 버튼을 이용하여 배경음악과 분위기에 맞는 센스 있는 스티커로 영상의 분위기를 더욱 임팩트 있게 줄 수 있다.

APPLICATION 8

나도 하자, 유튜버! 스마트폰만으로 충분하다
VLLO

누구나 1인 미디어 주인공인 시대이다. 얼마 전까지만 해도 어딜 가든 인증 샷 찍는 사람을 쉽게 볼 수 있었다면, 이제부터의 시대는 인증 샷이 아닌 1인 방송을 하는 사람을 더욱 쉽게 볼 수 있는 시대가 되지 않을까 예측해본다. 전문가 영역이라고만 생각했던 사진편집과 영상편집을 스마트폰의 발달로 누구나 도전할 수 있는 때이며 이미 많은 사람들은 이 즐거운 세상을 누리며 살고 있다. 전문가가 아니더라도 쉽게 할 수 있는 다양한 앱들이 바야흐로 쏟아져 나오기 때문에 비전문가가 전문가처럼 할 수 있는 것들이 많아졌다. 그중에서도 가장 좋은 앱을 꼽자면 사진과 영상편집에 관한 앱들이라고 얘기할 수 있을 것이다. 전문 포토그래퍼나 영상촬영가가 아니더라도 전문가 못지않은 수준급의 결과물을 가질 수 있게 되었고 이를 통해 새로운 직업을 창출하는 사람들까지 생기게 되었다.

　그만큼 사진과 영상편집을 할 수 있는 앱들이 쏟아져 나오고 있다. 여러 가지 앱을 사용해보면서 초보자가 가장 활용하기 좋은 앱은 어떤 것일까 생각하며 사용해보고 마지막으로 추천하고 싶었던 앱은 바로 지금 설명하는 〈VLLO〉 앱이다. 만약 유튜버를 시작할 계획을 가지고 있다면, 〈VLLO〉 앱을 통해 시작해보는 것을 추천한다.

VLLO(블로)　　　🔍

사용환경 안드로이드, 아이폰　**리뷰 점수** 4.8 ★★★★★

다운로드 수 9.8만　　　　　　**난이도** ★★★☆☆

활용도 ★★★★★　　　　　**활용방법** 직관적으로 사용할 수 있는 영상편집 앱

〈VLLO〉 설치방법　　　🔍

1 구글 플레이 스토어 또는 앱 스토어 접속

2 'VLLO' 검색

3 '설치' 탭하여 설치

4 〈VLLO〉 앱 실행

⟨VLLO⟩ 사용방법 🔍

다른 앱들이 가지고 있는 다양한 효과가 다 들어 있지는 않지만 영상편집에 필요한 중요한 요소들을 모두 가지고 있고 중요하게 생각하는 부분 중에 하나인 가격적인 면에서도 월 결제가 아닌 한 번의 결제로 업데이트 되는 모든 부분을 지속적으로 사용할 수 있기 때문에 가장 합리적인 앱이라 평가했다.

　스마트폰으로 쉽게 유튜브를 시작할 수 있다고 하고, 다들 사용하는 앱이 최고라고 이야기한다. 개인적인 생각으로는 모두에게 가장 잘 맞는 베스트를 찾는 것은 항상 불가능하다고 생각한다. 나름의 이유와 사용 패턴을 통해 더 잘 맞는 방법은 늘 존재할 수 있기 때문이다. 하지만 적어도 스마트폰과 〈VLLO〉 앱만 있다면 가장 빠르게 유튜브나 동영상 콘텐츠 제작이 가능할 것이다.

제공되는 자막의 스타일이나 상업적 사용이 가능한 배경음악 등 여러 가지 면에서 다양하게 활용할 수 있도록 되어 있고 유튜브 채널 중에서도 〈VLLO〉로 유튜브를 시작한 유튜버들을 쉽게 찾아볼 수 있다. 개인적으로 추천할 수 있는 예시 유튜브 페이지로는 '카페노예 jun' 채널을 들 수 있다. 처음 영상을 찾아보면 'VLLO' 워터마크를 확인할 수 있어 〈VLLO〉 앱으로 처음 유튜브를 시작했단 걸 확인할 수 있다. 대단한 효과 없이 〈VLLO〉에 있는 자막과 배경음악 컷 편집을 사용하여 영상 콘텐츠를 제작한 것이다.

〈VLLO〉 주요기능   Q

〈VLLO〉는 영상편집 할 때 필요한 기능을 모두 담고 있다. 브이로그부터 유튜브 영상편집은 물론 홍보영상까지 〈VLLO〉 하나로 모든 콘텐츠를 만들 수 있다. 컷 편집은 물론, 배속, 자막, 모자이크, 화면비율 조정, 배경색, 전환 효과, 켄번, 스티커, 텍스트, 자막, 템플릿, 상업용 사용이 가능한 배경음악, 목소리 녹음, 효과음, 필터 보정, 역방향, 모션포토 등의 기능을 모두 사용할 수 있다.

동영상편집

동영상을 자르고 다듬을 수 있는 컷 편집과 배속을 조절할 수 있고 역방향 재생과 복제는 물론 영상에 필터를 입혀 색감도 조절할 수 있다. 영상 다음 영상의 다양한 전환 효과가 퀄리티 높은 영상을 만들 수 있도록 한다.

자막, 텍스트

브이로그나 영상에서 활용할 수 있는 자막 템플릿과 텍스트 템플릿을 제공하고 있어 다양한 텍스트 효과를 실행할 수 있다.

PIP

영상 위에 사진과 비디오 GIF를 올려 활용할 수 있다.

배경음악 & 효과음

상업용 사용이 가능한 다양한 느낌의 배경음악을 무료와 유료버전으로 나뉘어 약 50가지 정도 제공하며 원하는 음악을 따로 추가하여 사용할 수도 있다. 상황에 따라 다양한 효과음을 넣어 영상을 추가적으로 재미있게 꾸밀 수 있다.

모자이크

공공장소 등에서 촬영한 동영상이나 편집상 모자이크 처리해야 하는 부분을 원하는 만큼 손쉽게 몇 번의 터치만으로 모자이크 처리할 수 있다.

스티커

움직이는 스티커를 활용하여 영상을 더욱 풍부하게 편집할 수 있다.

<**VLLO> 사용방법**   🔍

1) 이미지를 동영상으로 만들기(가장 기본적인 기능만을 사용한 이미지를 동영상으로 만드는 방법)

앱 실행 시 나오는 첫 화면에서 멋진 비디오를 선택하면 비디오와 사진 GIF를 선택할 수 있는 화면으로 바뀌는데 여기서 편집하고자 하는 사진을 선택하면 앱 하단에 선택된 이미지가 표기되는 것을 알 수 있다. 선택 후 상단에 있는 화살표 버튼을 누르면 설정 영역에서 화면비율과 영상의 배치를 선택할 수 있다. 영상은 대부분 16:9의 사이즈를 유지하고 영상배치는 채움으로 설정해보자.

　상단에 있는 화살표 버튼을 눌러 다음을 선택하면 화면을 재생하며 볼 수 있는 창과 여러 가지 효과를 설정할 수 있는 창이 나누어 표기되는 것을 볼 수 있다.

　작업창에 표기된 빨간색 선은 작업할 때 시작점을 표기해주는 가이드라인으로 배경음악이나 자막 등 효과를 설정할 때 이미지의 어디쯤에서 실행하고 있는지를 알려주는 표시이다. 선택한 이미지나 영상이 끝나는 위치마다 점으로 찍혀 있는 표기를 볼 수 있는데 터치하면 화면의 전환 효과를 주는 효과들을 볼 수 있다. 디졸브로 선택한 후 모두 적용하기를 누르면 이후에 이어지는 다른 이미지나 영상의 전환 효과에도 같은 효과가 들어간 것을 알 수 있다. 이 때 시간을 체크하여 전환 효과에 진행되는 시간을 조절할 수 있다.

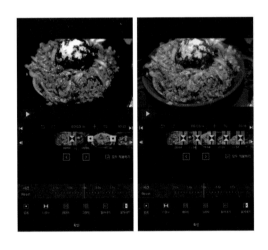

　다음으로 동영상 콘텐츠에서 빠질 수 없는 배경음악을 추가해보자.

배경음악을 누르면 추가할 수 있는 배경음악 리스트를 확인할 수 있다. 영상의 분위기에 맞는 음악을 미리 듣고 선택할 수 있다. 음악을 터치한 후 하단에 있는 체크박스를 누르면 배경음악이 추가된 것을 알 수 있다. 배경음악이 표시된 바의 길이를 조절하여 음악을 늘이거나 줄여 조정할 수 있다. 배경음악은 전체 재생시간보다 짧아서 끊기지 않도록

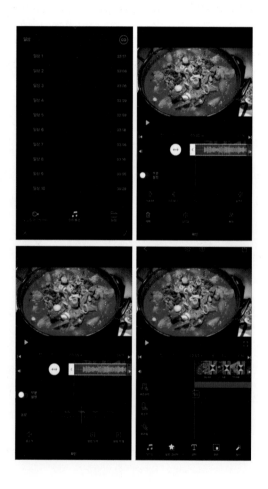

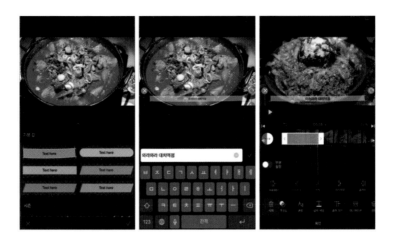

잘 체크하여 조절하도록 하자.

배경음악 삽입 후 반드시 체크해야 하는 부분 하나는 음악이 점점 크게 시작되고 점점 작게 줄어들며 끝나는 페이드 효과를 주는 것이다.

배경음악을 선택하면 하단에 뜨는 오디오를 선택하고 **점점 크게와 점점 작게**를 통해 설정할 수 있으며 전체 음향의 크기 및 음소거 등의 기능을 이곳에서 사용할 수 있다.

다음은 자막이다. 자막 버튼을 누르면 기본값의 자막부터 시즌, 이름, 뷰티, 사랑, vlog, pet까지 다양한 형태의 자막 템플릿을 볼 수 있다. 나의 영상과 맞는 자막을 터치하면 화면에 선택한 자막 칸이 들어가 있는 것을 볼 수 있다. 자막 칸을 두 번 탭하면 텍스트를 넣을 수 있는 칸이 나오고 여기에 들어갈 자막의 내용을 적어준다.

자막 바를 탭하면 하단에 나오는 글자, 불투명도, 폰트, 글자 색상, 글자 크기, 애니메이션, 정렬 등을 통해 텍스트를 꾸며줄 수 있다. 자막 바를 터치했을 때 나오는 화살표로 자막을 몇 초까지 노출시킬지 설정할 수 있으며 화면마다 다시 한 번 자막 버튼을 이용해 똑같이 자막을 추가하여 활용하면 된다.

이렇게 만든 동영상은 상단 위에 있는 화살표 버튼을 눌러 비디오 추출하기에서 추출하기를 눌러 핸드폰 앨범에 저장 후 활용할 수 있다.

2) 동영상편집 하기(가장 기본적인 기능만을 사용한 동영상편집 방법)

앱 실행 시 나오는 첫 화면에서 멋진 비디오를 선택하면 비디오와 사진 GIF를 선택할 수 있는 화면으로 바뀌는데, 여기서 편집하고자 하는 동영상을 선택하면 앱 하단에 선택된 동영상이 표시되는 것을 볼 수 있다. 선택 후 상단에 있는 화살표 버튼을 누르면 설정 영역에서 화면비율과 영상의 배치를 선택할 수 있다. 영상은 대부분 16:9의 사이즈를 유지

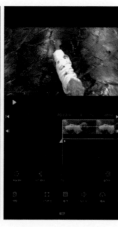

하고 영상배치는 채움으로 설정해보자.

선택한 영상이 작업창에 뜬 후 영상을 선택하면 영상의 필요한 부분과 필요 없는 부분을 나눌 수 있는 컷 편집과 관련된 기능을 확인할 수 있다. 분할 버튼을 이용하여 손쉽게 사용할 영상과 사용하지 않을 영상 부분을 나눈 후 사용하지 않을 영상은 삭제 버튼을 통해 지워준다. 또한 영상이 지나치게 천천히 흘러가게 되면 지루할 수 있기에 상황에 따라 배속 버튼을 통해 조절해주는 것이 좋다.

영상을 분할하여 나누면 분할한 영상이 끝나는 지점마다 점으로 찍혀 있는 표기를 볼 수 있는데 터치하면 화면의 전환 효과를 주는 효과들을 볼 수 있다. 디졸브로 선택한 후 모두 적용하기를 누르면 이후에 이어지는 다른 이미지나 영상의 전환 효과에도 같은 효과가 들어간 것을 알 수 있다. 이 때 시간을 체크하여 전환 효과에 진행되는 시간을 조절할 수 있다.

이후 중요하게 해줘야 하는 작업은 영상 안에 들어가 있는 소리를 음소거 해주거나 조절하여 줄여주는 것이다. 배경음악을 넣지 않는다면 상관이 없지만 배경음악과 함께 영상의 소리가 섞인다면 반드시 조절을 해줘야 보는 사람들이 피로하지 않다. 화질이 떨어지는 영상은 볼 수 있지만 음질이 불편하거나 떨어지는 영상은 오래 시청하기 어렵다는 점을 기억해야 한다. 영상을 선택하면 음소거 및 소리를 조정할 수 있는 버튼이 나오는데 이를 통하여 적절하게 조절하면 된다.

이후의 작업은 사진으로 영상 만들기에서 나왔던 대로 배경음악을 설정하고 자막을 넣어 마무리한 후 저장하면 된다.

APPLICATION 9

전문 영상편집의 스킬을 그대로 가져와 쓰다
멸치

제품을 홍보하거나 브랜드를 홍보하는 홍보에 적합한 영상을 만들 때는 컷 편집과 자막만을 통한 편집이 아쉬울 때가 있다. 조금 더 다양한 효과를 줘서 강조를 해야 하거나 임팩트 있는 영상을 만들어야 할 때는 전문가에게 배우거나 혹은 맡겨야 하는 상황이 발생하게 된다. 유튜브 영상의 오프닝과 클로징, 제품홍보 영상 등 전문적인 영상편집을 전문가의 도움 없이 할 수 없을까 고민하는 분들에게 추천해줄 수 있는 영상 템플릿 제공 앱이 있다. 바로 〈멸치〉라는 앱이다. 템플릿을 제공해주기 때문에 사용자가 해야 하는 역할을 텍스트나 이미지 또는 영상을 넣어주는 일뿐이다.

〈멸치〉 앱이 제공하는 템플릿은 돌잔치와 모임의 초대장을 제작할 수 있는 템플릿, 영상편지를 제작할 수 있는 템플릿, 유튜브 오프닝, 클로징 영상으로 쓸 수 있는 템플릿, 서비스 광고, 브랜드 광고, 매장 광고 등에 활용할 수 있는 광고 템플릿 등으로 나뉘어져 있다.

　미리 템플릿에 올라온 영상콘텐츠를 재생하여 어떤 영상인지 확인할 수 있고 만들고자 하는 분위기나 콘셉트에 맞는 영상을 선택한 뒤 요청하는 템플릿 양식에 맞춰서 텍스트나 이미지, 영상을 첨부하면 전문가가 만든 것 같은 고퀄리티의 영상 콘텐츠를 제작할 수 있다.

사용환경 안드로이드, 아이폰	**리뷰 점수** 4.1 ★★★★☆
다운로드 수 9.8만	**난이도** ★☆☆☆☆
활용도 ★★★★★	**활용방법** 전문 영상편집 템플릿 제공 앱

〈멸치〉 설치방법 🔍

1 구글 플레이 스토어 또는 앱 스토어 접속

- -

2 '멸치' 검색

- -

3 '설치' 탭하여 설치

- -

4 〈멸치〉 앱 실행

- -

〈멸치〉 사용법 🔍

〈멸치〉 앱 실행 시 나오는 4개의 카테고리 화면에서 만들고자 하는 콘셉트가 가장 가까운 것을 하나 선택하여 사용하면 된다. SNS를 선택 후 상단에 있는 카테고리에 따라 원하는 것을 선택하여 템플릿을 사용하면 된다. 각각의 템플릿 옆에 표시된 이미지 표시와 연필 표시, 필름 표시 는 각각의 템플릿에서 필요로 하는 이미지와 텍스트 동영상의 수를 뜻 한다. 재생하여 원하는 콘셉트와 가장 가까운 영상 템플릿을 선택한 후 영상 만들기를 누른다.

scene에 표기된 숫자를 따라하며 이미지와 텍스트를 모두 입력한 후 완료 버튼을 누르면 '한번 만들어볼까요?'라는 상자가 뜨는데 '확인'을 누른다. 동시 접속자가 많을수록 제작 시간이 길어짐을 참고하자.

제작된 영상은 다시 메인 화면으로 돌아와 좌측 상단의 버튼을 터치하면 확인할 수 있고, 제작된 영상이나 이미지는 다운로드 버튼을 눌러 핸드폰 앨범에 저장하여 활용할 수 있다.

APPLICATION 10

스마트폰의 개인 디자이너, 콘텐츠 제작의 모든 것

CANVA

SNS 채널 운영에서 가장 필요한 게 무엇일까? 답은 이미지 콘텐츠이다. 블로그에 글 하나, 인스타그램에 글 하나를 올리려면 반드시는 아니지만 이미지 콘텐츠가 필요한 경우가 더 많다. 올라오는 정보들은 언제나 넘쳐나기 때문에 텍스트로만 이루어진 콘텐츠에는 흥미를 빠르게 잃어버리고 그냥 한 장의 사진보다 의도를 명확하게 보여줄 수 있는 이미지 제작 콘텐츠가 필요한 순간들이 많은 것이다.

하물며 콘텐츠가 아니더라도 일상에서 이미지편집의 중요성을 느끼는 부분은 상당히 많다. 배너나 전단지 명함이나 쿠폰 외에도 블로그 디자인이나 페이스북 커버, 유튜브 커버 등 이미지편집이 필요한 순간은 무수하게 많다.

디자이너라는 전문적인 직업을 가진 사람들이 했던 이미지편집이나 콘텐츠 제작을 의뢰하여 맡겨서 진행해본 사람이라면 누구나 공감할 수 있을 것이다. 의뢰한 자와 작업한 자의 온도 차이가 늘 존재하고 타협하는 과정에서 시일이 늘 더 소요되기 마련이다. 이러한 전문적인 디자인의 일을 스스로 할 수 있다면 비용과 시간적인 면에서 엄청난 세이브를 할 수 있을 것이다.

〈CANVA〉는 디자이너가 아닌 사람도 디자이너처럼 작업할 수 있는 템플릿을 제공해주는 사이트이자 앱이다. 이제 〈CANVA〉를 통해 개인의 디자이너를 고용한 것과 같이 활용할 수 있다. 〈CANVA〉를 활용하여 소셜미디어 콘텐츠, 로고, 포스터, 전단지, 명함, 초대장 등 디자인 작업이 필요한 것들을 전문가가 아니어도 쉽게 디자인할 수 있으며 스마트폰, 패드, PC등 다양한 작업환경에서 소스를 공유하여 진행할 수 있다.

사용환경 안드로이드, 아이폰	**리뷰 점수** 4.8 ★★★★★
다운로드 수 4.2천	**난이도** ★★★★☆
활용도 ★★★★★	**활용방법** 이미지 디자인이 필요한 콘텐츠 제작 앱

\<CANVA\> 설치방법 🔍

1 구글 플레이 스토어 또는 앱 스토어 접속

- -

2 'CANVA' 검색

- -

3 '설치' 탭하여 설치

- -

4 \<CANVA\> 앱 실행

\<CANVA\> 사용방법 🔍

캔바는 빈 화면으로 바로 시작하거나 전문 디자이너가 만든 60,000개의 무료 템플릿 중 원하는 것을 선택하여 콘텐츠를 제작할 수 있다. 텍스트 또한 700가지 이상의 옵션을 선택할 수 있어 크기, 색상, 간격, 위치를 손쉽게 변경하고 다양하게 표현할 수 있다. 기기에 있는 이미지를 바로 사용할 수도 있으며 〈CANVA〉에서 제공하는 사진과 일러스트에서 이미지를 선택할 수도 있다. 제공하는 템플릿의 카테고리를 살펴보면 크게 **소셜미디어, 문서, 개인, 교육, 마케팅, 이벤트, 광고** 영역으로 나뉘어져 있다. 카테고리별로 자세히 살펴보면 다음과 같다.

소셜미디어

애니메이션 소셜미디어, 페이스북 동영상, 인스타그램 게시물, 인스타그램 스토리, 페이스북 게시물, 페이스북 스토리, 페이스북 커버, 페이스북 앱 광고, 소셜미디어, 스토리, WhastsApp 스토리, 트위터 게시물, 트위터 머리글, Tumblr 그래픽, 유튜브 섬네일, 유튜브 채널아트, 스냅챗 지오필터, 핀터레스트 그래픽, LinkedIn 배너, Tumblr 배너, 트위치 배너, Sound Cloud 배너, 구글+머리글

문서

프레젠테이션, A4문서, 편지, 레터헤드, 이력서, 프레젠테이션 4:3, 보고서, 일간보고서, 메모, 송장

개인

카드, 생일카드, 조리법카드, 사진콜라주, 사진첩, 달력, 플래너, 스토리보드, 도표, 스크랩북, 바탕화면 배경, 엽서, 책 커버, Wattpad 책 커버, CD 커버, 만화

교육

졸업 앨범, 수업 시간표, 워크시트, 수업계획, 보고서 카드, 책갈피, 좌석 차트, 목차, 마인드맵

마케팅

로고, 포스터, 전단지, 명함, 인포그래픽, 브로셔, 제품 레이블, 상품권, 선물 태그, ID카드, 티켓, 뉴스레터, 블로그 배너, 이메일 머리글, 쿠폰, 제안서, 마케팅 제안서, 블로그 그래픽, 웹 사이트, 증명서, 메뉴, 레이블, 잡지 커버, 미디어 키트, Etsy shop 아이콘, Etsy shop 커버

이벤트

초대장, 생일 초대장, 결혼식 초대장, 초대장 세로, 소식, 프로그램, 행사 프로그램, 페이스북 이벤트 커버

광고

페이스북 광고, 인스타그램 광고, 대형 직사각형 광고, 리더보드 광고, 넓은 스카이스크레이퍼 광고, 중간 직사각형 광고

이렇듯 〈CANVA〉로 작업할 수 있는 이미지 관련 작업물들은 상당히 범위가 넓고 쓰임새가 많음을 알 수가 있다. 프리랜서나 소상공인이 〈CANVA〉를 할 수 있는 다양한 작업이 있지만 제품의 정보를 알릴 때 사용할 수 있는 카드뉴스를 제작해보도록 하겠다.

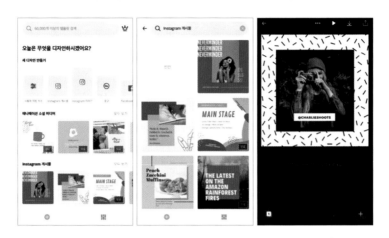

〈CANVA〉 실행 후 상단에 있는 새 디자인 만들기 영역에서 인스타그램 게시물을 터치하면 다양한 템플릿을 확인할 수 있다. 내가 만들고자 하는 템플릿을 서치하여 간단하게 작업하는 방법이 있고 빈칸을 터치하여 새롭게 작업하는 방법이 있다.

다양한 템플릿 중에서 원하는 콘셉트의 템플릿을 불러오자. 불러온 템플릿의 이미지 부분을 터치하면 **카메라롤, 이미지, 색상**의 영역에서 원하는 것을 선택하여 이미지를 내가 원하는 것으로 바꿀 수 있다. 카메라롤은 내 핸드폰에 저장된 이미지를 사용할 수 있음을 뜻하고 이미지는 〈CANVA〉에서 제공하는 고퀄리티의 이미지이다. 색상은 컬러로 배경을 모두 채우는 것을 말한다.

카메라롤이나 이미지를 선택하여 작업하고자 하는 이미지를 불러온다. 이미지를 교체한 후 텍스트를 내가 원하는 문구로 수정하면 이미지

작업이 끝난다. 이처럼 〈CANVA〉는 제공되는 다양한 이미지 템플릿을
활용하여 간단한 이미지와 텍스트의 작업만으로 퀄리티 있는 콘텐츠를
제작할 수 있다.

하단의 **+** 버튼을 누르면 텍스트, 이미지, 동영상, 일러스트레이션, 도

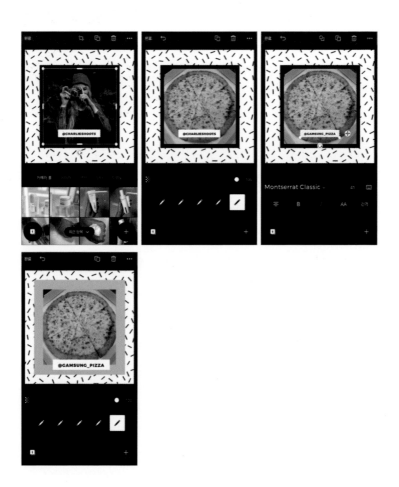

형, 스티커, 로고, 템플릿, 페이지, 팩을 활용하여 다양한 작업을 할 수 있다.

화면을 왼쪽으로 밀어 다음 장을 이어서 계속 만들 수 있으며 이때에도 마찬가지로 템플릿을 선택하거나 빈칸에서 새롭게 만들어 콘텐츠를 제작할 수 있다. 우측 상단에 있는 모양을 탭하여 저장하면 핸드폰 카메라 앨범에 저장이 된다.

APPLICATION 11

초등학생도 시니어도 쉽게 만들 수 있는 카드뉴스
Q카드뉴스

내가 올리는 콘텐츠를 더 많은 사람들에게 보여주기 위해서는 어떻게 해야 할까? 이미지를 특별하고 잘 찍어 내가 가진 콘텐츠를 클릭하도록 만들거나 무슨 콘텐츠가 담겨 있는지 텍스트로 궁금증을 유발하여 클릭할 수 있도록 만들어야 한다. 첫 번째의 경우 직접 사진을 찍어야 하거나 멋지게 나오는 곳을 가야 하거나 하는 어떠한 제한이 있을 수 있기 때문에 둘 중 빠르게 시도할 수 있는 것은 이미지 안에 텍스트로 클릭할 수 있게 유도하는 경우이다. 이처럼 이미지에 글을 적어 콘텐츠를 발행하는 형태를 '카드뉴스'라고 한다.

인스타그램에 '#홍대맛집'이라는 해시태그를 검색했다고 가정해보자. 우리는 많은 이미지 중 원하는 느낌의 정보가 있을 것 같은 사진을 보고 또 닫고 또 보고 또 닫고를 반복해야 한다. 하지만 똑같이 검색했을 때 보여지는 이미지에 '홍대맛집 베스트' '홍대 파스타 맛집 베스트'라고 적혀 있는 이미지 콘텐츠를 발견했다면 우리가 선택하는 콘텐츠는 무엇일까. 말하지 않아도 알 수 있듯 정보를 담고 있다는 것을 확실하게 알려주는 두 번째 콘텐츠일 것이다. 카드뉴스는 대단한 디자인의 요소가 들어가지 않더라도 어떤 정보를 담고 있느냐에 따라서 채널로 사람들을 유입시키거나 모두가 공유할 수 있는 좋은 콘텐츠가 될 확률을 높여주는 좋은 도구이다.

　이전에는 PPT를 통해 작업하는 사람들이 많았다면 요즘은 앱을 통해 제작하는 사례들이 늘어나고 있다. 카드뉴스를 제작할 수 있는 몇 가지의 앱이 있지만 스마트폰의 사용이 자유롭지 못하거나 처음 제작하여 어렵다면 입문용으로 〈Q카드뉴스〉가 좋은 선택이 될 것이다.

사용환경 안드로이드, 아이폰		**리뷰 점수** 3.4 ★★★☆☆
다운로드 수 1만 이상		**난이도** ★★☆☆☆
활용도 ★★★★☆		**활용방법** 카드뉴스 콘텐츠 제작

PAGE
305

〈Q카드뉴스〉설치방법   🔍

1 구글 플레이 스토어 또는 앱 스토어 접속

- -

2 'Q카드뉴스' 검색

- -

3 '설치' 탭하여 설치

- -

4 〈Q카드뉴스〉 앱 실행

- -

〈Q카드뉴스〉사용방법   🔍

특별한 소식이나 정보를 〈Q카드뉴스〉 앱을 통하여 카드뉴스로 제작할 수 있다. 이미 제작되어 있는 80여 가지의 템플릿과 다양한 폰트가 제공되는 〈Q카드뉴스〉 앱은 다른 카드뉴스나 이미지제작 앱과는 다르게 가장 쉽게 사용할 수 있는 앱으로 초보자나 시니어 분들에게 추천한다.

<Q카드뉴스> 사용방법

앱을 실행하면 **만들기**라는 버튼이 나온다. 버튼을 터치하면 템플릿을 선택할 수 있는 영역이 나오는데 템플릿은 이벤트 템플릿과 기본 템플릿으로 나뉘어져 있다.

　상황에 맞는 템플릿을 선택하면 예시로 제작되어 있는 카드뉴스를 확인할 수 있다. 이미지 버튼을 눌러 제공되는 이미지를 활용하거나 핸드폰 카메라 앨범에 들어 있는 이미지로 변경해줄 수 있으며 박스 버튼을 누르면 박스의 투명도나 라운드 혹은 표시 여부를 선택할 수 있다. 레이아웃 버튼을 눌러 처음 선택한 템플릿의 레이아웃과 다른 타입의 카드뉴스 레이아웃을 선택하여 진행할 수도 있다.

제목 버튼을 누르면 크게 적혀 있는 제목을 변경할 수 있는 칸이 나오

고, 본문을 누르면 그 아래에 있는 제목보다 작은 글씨로 적혀 있는 내

용을 바꿀 수 있는 칸이 나타난다. 하단에 있는 버튼 중 여섯 번째 버튼을 누르면 핸드폰 앨범에 저장할 수 있다.

EPILOGUE

정진수

"산을 움직이려 하는 이는 작은 돌을 들어내는 일로 시작하느니라." _공자

이 말처럼 이 책을 읽는 것이 여러분의 스마트한 스마트폰 사용에 마중물이 될 것이라고 확신한다. 고민할 필요 없다. 여러 명의 저자가 사용하고 검증한 것들만 모아놓았으니, 여러분은 그저 이 책 하나로 여러분의 소중한 시간을 아끼고, 더욱 스마트하게 스마트폰을 사용해 업무효율을 높이시면 된다.

장재동

1인 창업을 하면서, 가장 힘들었던 시간관리와 업무관리 능력이 앱을 활용하며 매우 빠르게 높아졌고 그것들은 바로 수익을 직결되는 경우도 많았다. 또한 이를 통해 얻은 시간은 곧 다른 기회로 연결되었다. 이 책은 누구나 스마트한 삶을 살 수 있도록 가이드를 잡아주고, 나아가 1인 창업자, 부업자, 자영업자들도 쉽게 온라인 마케팅을 할 수 있도록 콘텐츠 제작과 SNS 마케팅 방법 등을 일러주고 있다. 시간을 절약하고 싶고 업무능력을 높이고 싶고 전문영역에 쉽게 접근하고 싶다면, 개인의 성장을 위해 꼭 필요한 책이라고 자부한다.

박용준

지금까지 살아오면서 말로 설명하고 소개했던 것을 SNS 국가대표팀과 함께 활자로 보여줄 수 있어서 기쁘다. 일부 세대의 전유물이 아닌 전 세대가 스마트폰을 신체의 일부처럼 사용하는 '포노 사피엔스'로 살아가며 스마트폰을 효율적으로 사용하기를 바란다.

김재은

스마트폰의 등장은 우리의 삶을 상상할 수 없을 만큼 바꾸었고, 앞으로는 상상조차 할 수 없을 정도로 더 많은 것들을 바꾸어놓을 것이다. 누구나 스마트폰을 가지고 있지만 모두가 스마트하게 사용하지는 못하는 것이 현실이다. SNS 마케팅 강사로서 스마트폰을 통해 삶과 일의 영역에서 변화를 만들어낼 수 있는 다양한 앱을 정리했다. 이 책이 스마트한 변화의 길잡이 역할을 해주길 염원한다.

조여종

급속도로 변화하는 세상 스마트폰 없이는 단 1분 1초도 살아갈 수 없는 현대인들을 위한 단순히 스마트폰의 사용이 아닌 활용하는 방법을 알려주는 앱 소개서이다. 이 책을 통해 조금 더 스마트폰을 유용하게 활용하여 스마트한 삶을 얻기를 진심으로 바란다.

정혜연

스마트폰의 등장과 함께 우리의 일상은 상상할 수 없을 만큼 변화했다. 스마트폰을 조금 더 효과적으로 사용할 수 있는 책을 소개한다. 이 책 하나로 스마트폰을 정복할 수 있다고 자신 있게 말하고 싶다

일상이 똑똑해지는 스마트폰앱 100% 활용 팁

1판 1쇄 펴낸날 2020년 6월 22일

지은이 정진수, 장재동, 박용준, 김재은, 조여종, 정혜연
펴낸이 나성원
펴낸곳 나비의활주로

책임편집 강건모
디자인 BIGWAVE

주소 서울시 성북구 아리랑로19길 86, 203-505
전화 070-7643-7272
팩스 02-6499-0595
전자우편 butterflyrun@naver.com
출판등록 제2010-000138호
상표등록 제40-1362154호
ISBN 979-11-90865-01-2 03320